この国の戦争

太平洋戦争をどう読むか

奥泉 光　加藤陽子
Okuizumi Hikaru　Kato Yoko

JN018608

河出新書
050

はじめに

奥泉　光

二〇一九年にはじまった新型コロナウイルス感染症の大流行下、ロシア軍のウクライナ侵攻が続くなか、この「はじめに」は書かれているのだけれど、第二次世界大戦終結から七七年、東西冷戦時代を経て市場原理が地上をあまねく支配し、こと経済活動については国境が陳腐化しつつあるにもかかわらず、いや、だからと云うべきなのか、国民国家の内向きの閉鎖性、自己中心的な振る舞いがいよいよ目立つようになりつつある。これはおそらく資本制の回転運動が臨界に達しつつある状況で、それとどっぷり結びついた国民国家が見せる病的（とあえて云う）兆候なのだろう。排外主義的ナショナリズムの狂熱が国民国家を無茶な行動に駆り立て、厄災を惹起する危険は、二一世紀の今後ますます増大していくだろうと憂鬱に予想せざるを得ない。

で、日本はどうなのか。といえば、アジア・太平洋戦争敗戦から七七年、米国の無自覚な「属国」となって「戦後」平和の褥《しとね》に微睡《まどろ》んできた。「平和ボケ」などと揶揄されるこのあり方は、勝者である米国の政策であったが、一方では、なんでもいいからとにかく戦争だけはもう御免だという、日本国民の強い意思ゆえでもあった。経済白書に「もはや戦後ではない」と記されたのは、自分が生まれた一九五六年、それから幾度も節目節目に「戦後の終わり」は唱えられてきたが、考えてみれば、語義からして、「戦後」が終わるとは次の戦争がはじまると云うことなのであって、その意味では、長い「戦後」の継続は国民の意思の貫徹だったとも云えるだろう。

もちろん、それと引き換えに日本が抱え込んだ問題は多々ある。終わりが語られてきた「戦後」とは、すなわち戦後体制のことなのであって、「戦後」を持続させるためにも、いまや戦後体制の清算・変革は必要であるだろう。さしあたっては、米国への従属状態をどうするかが一番の問題となろうが、べつにそれでいいじゃない、平和ならば、との意見の是非はともかく、果たしていつまで米国が日本をわりと幸せな「属国」の地位に置いてくれるか、いまのままのあり方で果たして平和が本当に維持できるのか、雲行きは怪しい。

永遠に戦争のない世界。日本国憲法にも響くこの理想は、人類が苦難の末に獲得した理念であり、失ってはならないが、日本が新たな「戦前」のただなかにあるのはまちがいなく、「戦後」を継続するためにも、「戦前」体制の整備は喫緊の課題となるだろう。「戦前」体制というと、しかしどうしても不吉な響きがしてしまうのは、二〇世紀前半の昭和

「戦前」体制が、自国民だけで三百万人を超える、侵略したアジア地域や交戦国を含め二千万人もの死者を出す未曾有の厄災に繋がった記憶があるからだ。しかもいまなお昭和「戦前」に懐旧の情を抱き、それをほとんどパロディーのごとくに再構しようと欲する政治勢力が存するから厄介だ。だが、いま求めらるべきは、昭和とは違う「戦前」、戦争をしないための「戦前」体制の構築である。

そう考えるとき、昭和「戦前」体制がどうしてあのような悲惨な戦争に繋がったのか、検討することは必須の作業となる。「あのときはどうかしていたんだ」と思考を停止し、「まさかもうあんなことになるわけがない」と嘯《うそぶ》いている場合ではない。人間でいえば、そういう人が一番危ないことを私たちは知っているわけで、根強く蔓延《はびこ》る過去の否認への傾きに抗していかなければならない。

国民国家の統合には、神話を典型に、何かしらの「物語」が必ず要る。自分たちが何者であるか、人々は「物語」を参照して理解する。日本を含め多くの国民国家は太古の「物語」を統合の礎に据えてきた。だが、市場経済の絶えざる拡大と技術革新が、グローバル化などと呼ばれる国家間の密な関係を作り出した現今の世界にあっては、近代の歴史を、近代以降に共有されてきた歴史的経験を、国民統合の土台にすべしと自分は考える者だ。国民国家が近代に生まれたこともあるけれど、なによりは、そうでないと国家間の対話が難しくなってしまうと思うからだ。「私たちとしては、あれです、天壌無窮の神勅に従って八紘を一宇に纏《まと》めたいと思っております」では対話にならない。それは日本以外の国も同然である。

日本の近代以降の歴史を問題にするとき、アジア・太平洋戦争の経験を度外視することはできない。少なくとも敗戦後、戦争の経験を出発点に、新たな国民の統合を目指した人々が多くあったことはまちがいなく、自分はその志を継承する者のひとりである。どうしてあのような戦争を日本はしたのか。このことは「戦後」繰り返し論じられてきたが、むろんまだまだ論じ尽くされてはいない。新資料が発掘され、研究が進みつつあることもある。しかしそれ以上に、それは繰り返し問われ論じられることで、はじめて国民の経験、すなわち歴史となるからだ。

対談中幾度も論じられているように、歴史は「物語」の形でしか語られ得ず、またそうならなければ人を動かす力を持ち得ない。多くの国々で、明白に贋物とわかる歴史の「物語」が流通する現状があるのも事実だ。これは非常な難問だけれど、歴史は、いまを生きる者が、過去に問いかけ、言葉を通じてそれを繰り返し経験することで生命をもつ何かであることもまちがいない。歴史が死物でなく、生きていることを証するのは、それが批評の力を発揮するときだと云い得るだろう。批評さるべきものとは、固着し硬化した「物有されてはじめて、異なる国民国家に属する者同士の対話も可能になるだろう。粘り強く歴史に問いかけていくしかないのだ。

そしてそのようにアジア・太平洋戦争の歴史を問うことは、戦争で亡くなった方々の霊を慰める営みでもあるだろう。彼らの死を犠牲の死として捉えること。それには死者を神話的な「物語」に閉じ込めてはならない。彼らを歴史のなかに、人々が対話的に交わる「場」として歴史のなかに、絶えず解放し続けなければならない。神話ではなく、対話を！

本書は日本近現代史の研究者である加藤陽子さんと共に、アジア・太平洋戦争の起源を語り合ったものである。加藤さんが示された歴史学の最先端の知見と洞察は、アジア・太平洋戦争をめぐって流通してきたこれまでの「物語」を強く批評するものだ。実際自分は本書対談のなかで、長らく抱いてきた歴史像が驚きとともに覆される経験を幾度もした。本書の上梓にあたっては、河出書房新社の藤﨑寛之氏の多大な尽力があったこともいっておきたい。

このささやかな対談の書物が、開かれた対話の「場」としての歴史をわずかでも開示し、読者もまた対話のなかに導かれることを願ってやまない。

目次

Ⅱ

なぜ始めたのか、なぜ止められなかったのか 81

III 太平洋戦争を「読む」 207

対談中の史料の引用にあたっては、漢字カタカナ交じり文は漢字ひらがな交じり文とし、句読点、濁点を適宜付した。形容詞や副詞の漢字表記はひらがなに開いた。

I

太平洋戦争とは何かを考えるために

戦争と物語

奥泉　戦争、とくにアジア・太平洋戦争をどのように考えるか。それが本書のテーマですが、戦争一般が非合理なものをはらむのは間違いないにしても、それを超えた、戦死者の半ば以上が餓死や病死であるような作戦が立案され実行されてしまう、あるいは戦艦大和の出撃にしても、確実に沖縄までは到達できないとわかっていながら、あえて出撃して三〇〇〇人の人間が死んでしまう。そうした度を超えた非合理性にはやはり関心を向けないわけにはいかない。

なぜそういうことになってしまったのか。すでに多くの研究があり、論考も数々出ているわけですが、一九三〇年代の専門家である加藤さんにあらためていろいろうかがいたいと思います。ここで一つ、小説家としての関心を述べておくと、やはり「物語」の果たした役割があります。近代に生まれた——近世も視野に入れるべきでしょうが——いくつもの物語が、日本が戦争に突き進んでいく過程で重大な役割を果たしたことは疑えない。広く言葉といってもよいかもしれませんが、私は物語と呼んでみようと思います。たとえば「満蒙は日本の生命線である」とか「無敵皇軍」というような物語ですね。

加藤　時代を刻印するような「キャッチフレーズ」をもつ物語がある、と。

奥泉　言い方を換えると、まさに文学ということです。文学の言葉というものは、それ自体が人を動かす力をもっている。政治や宗教や法律だって言葉が人を動かすのだけれども、言葉の外に力の根拠、裏付けがある。最終的には言葉ではないものが、たとえば暴力が言葉の力を支える。対して、文学は言葉それ自体が人を動かす力をもつ点が特徴です。だから政治に利用される。ずっと利用されてきたし、いまも利用され続けているわけで、だから歴史を捉えるには、それを的確に批評する作業が必要になる。しかし同時に、これはいっそう根本的で困難な問題ですが、われわれは物語の枠組みなしに現実を捉えることができないという問題がある。たとえば、こうなってああなって、だからこうなってああなったんだ、といった因果性の物語からわれわれは逃れられない。物語ぬきに現実を捉えることができない。

加藤　その時々の人々の認識の枠を決めるもの、つまり物語を批評しつつ、一方で、戦争までの過程を見直してみるということですね。

奥泉　そうですね。その場合、いま自分たちが歴史を眺めている枠組みも当然疑っていかなくてはいけないでしょう。日本の近代史といったとき、物語の主人公は「日本」になるわけですが、他にも主人公を異にするたくさんの物語があることを念頭に置く必要がある。そのことは当然として、ある時代に一つの歴史の物語ができあがったとして、それを絶対視はできない。理念的に言えば、複数で存在している人間が共に世界を創っていくなかで、絶えず更新されるべきものとしてある。たとえば、戦後のある段階で、司馬遼太郎の書いた近代日本の物語が人々の歴史のイメージを強く支配した。あるいは阿川弘之の海軍物とかも。あれを読むと、悪いのは陸軍で、海軍はよかったんだなとつい思ってしまう。善玉悪玉の二元論は物語がもつ根本的な感覚なんですよね。戦後長らく、悪いのは軍部で、天皇も民衆も悪くない、イノセントだったんだ、と、そうした占領体制下の物語の枠でアジア・太平洋戦争とそれに至る歴史過程は捉えられてきた。私自身も同じ物語のなかにいたと思います。物語から逃れることはできないが、しかし、であるがゆえにこそ、物語への批評の感覚はきわめて大切だろうと思います。

さらにもう一つ、私の関心を先に言ってしまうと、国政上の決定や判断がなされる政治過程の問題は当然重要なんですけれど、それ以上に着目したいのは社会史的な観点ですね。民衆とか大衆とか呼ばれる、正体のはっきりしない人々がいかなるファクターとなって歴史のなかで役割を果たしたのか、という視点です。大衆、民衆とひとくくりにされますが、実はそんなに一枚岩でもないことを含め、声を大きくは発しない人たちが何を考え、どう動いたのか。そこに私のいちばんの関心があるかもしれません。まあ小説というものの出番はそこですからね。声なき声を想像力で再現していく。あるいはテキストに残された小さな声を拾い集めてフィクションとして構成する。歴史家ももちろんおやりになっていることだと思いますが、そこは小説がもっとも強みを発揮できるところであるはずです。

加藤　いまのお話の最初の言葉、「どんな枠の中で見ているか」は、本当に大事です。やはり人間というものは、自分の目で見たり手で触ったりできないものに対するとき、何らかの枠組みを前提として理解しようとする。軍の最高指導者らが太平洋戦争の開戦前などに、「桶狭間の戦い」や「大坂冬の陣」などの歴史のたとえ話を天皇の前でも使っていた[1]のは、単なるヒロイズムだと当初は思っていました。しかし、そうではなく、彼ら自身、目の前の状況に対応するため、また、必ずしも同じ認識を共有しない相手を説得するためにも、当時の共通教養であったような通俗的な歴史物語の力を拝借する。たとえば、それは、頼山陽の『日本外史』[2]やラジオの講談からのネタだったりする。お互いの頭の中の歴史のファイルを使っているわけですね。

また、普通の人々がどのような物語に当時親しんでいたのかは、奥泉さんのいう社会史的な観点にも通じそうです。『日本外史』は、幕末から戦前期まで、為政者だけでなく幅広い階層に読まれていた、いわばベストセラー本でした。これは『源平盛衰記』や『太平記』などの軍記物から素材をとって、平氏から徳川氏まで、人物を生き生きと描いた武家時代の通史でした。最初のご発言で奥泉さんは、「度を超えた非合理性」に着目されていましたが、この本は、天皇という伝統的な権威が歴史上、人々に作用した「非合理な力」

に着目したところに最大の特徴がありました。[3] それまで、支配者の道徳といったら、仁政や民生の大切さを説くものばかりでしたので、この本は、武家が尊王の姿勢を示すことが、民に武家を尊敬させる道だという、まったく違う方向からの教訓を導いていた。ここが起点となって、さらに尊王倒幕まで、結局は突き進む原動力の一つとなりました。「人を動かす」文学に通じますね。

時代は飛び、司馬遼太郎さんの『坂の上の雲』[4] の連載が始まるのは一九六八（昭和四三）年で、ちょうど明治百年にあたっていました。日本が、かつてのような軍事力ではなく、

（1）たとえば、アメリカとの交渉期限を一九四一年一〇月上旬までとした「帝国国策遂行要領」を決定した同年九月六日の御前会議の席上、永野修身軍令部総長は、「大坂冬の陣」のたとえを持ち出し、天皇や近衛文麿首相などの交渉継続派を牽制していた。参照、参謀本部『杉山メモ』上巻（原書房、一九九四年）三一五頁。

（2）頼山陽著、頼成一・頼惟勤訳『日本外史』上・中・下（岩波文庫、一九七六年〜八一年改訂版）。尊王を武士の至上の道徳的義務と捉えた点にこの本の最大の特徴があったとする点は、本書の解説を書いた近世史研究者の尾藤正英による見解。

（3）前掲『日本外史』上巻、解説部分一二頁。

（4）司馬遼太郎『坂の上の雲』文庫新装版（全八巻、文春文庫、一九九九年）。

経済力で世界へ出て行った時期です。司馬さんは、明治の合理的精神に焦点を当てて、それを司馬さんがいうところの、楽天家（秋山好古・秋山真之・正岡子規）の成長の物語として書きました。日露戦争までの日本を、太平洋戦争の歴史から切り離して、「救い出した」わけです。正面から書くと陰々滅々とならざるをえない太平洋戦争の描き方について、過去の書き手がどうずらして描いてきたかについては、以前、奥泉さんがとても大切なことを座談会で述べていましたので、[5] ご紹介しておきます。

「『二十四の瞳』[6]も『ビルマの竪琴』[7]も、人びとの帰っていくべき場所を用意しています。それは言うならば、幻想されたアジア的自然性と言うべきものです。この小説の一つの結論は、そのアジア的自然性こそが本来の日本の姿なんだ、日本も「アジア」なんだということです。実際の植民地支配がどう行われたかは『ビルマの竪琴』にはぜんぜん出てこない。〔中略〕この小説は非常に慰安に満ち、われわれは実はイノセントなんだというヴィジョンを欺瞞的に提出している」と、手厳しい。

太平洋戦争をめぐる作品全般については第Ⅲ部でお話ししますが、奥泉さんは、無垢な魂の慰霊に走らない作品、批評的観点から、戦争を細部まで再現した「石の来歴」[8]を一九九三年に書かれた。物語批判を行う作家奥泉さんと、史料批判を行う歴史家不肖私が、がっつりと真面目に語り合える時期がいま到来したということでしょうか。

奥泉　アプローチはやや違うと思うんですが、歴史への問いを共有できたらと。おてやわらかにお願いします（笑）。

国民統合の方法としての軍隊

加藤　太平洋戦争とは何だったのかと考えるとき、避けては通れないのが昭和戦前期の「軍」という政治集団です。明治日本の場合には、不平等条約のくびきなど、国家の独立の危機はやはりあった。けれども、一九三〇（昭和五）年のロンドン海軍軍縮条約がよい例ですが、客観的な対外危機があったか疑わしいにもかかわらず、軍は政党内閣に対して統帥権を干犯したといって、主観的な危機意識にかられて運動を起こす。やっかいなのは、軍というのは、国民の信じたいと思っている、国家の成長物語に沿った歴史物語を提供し

（5）「大岡昇平『レイテ戦記』を読む　奥泉光×川村湊×成田龍一」『戦争文学を読む』（二〇〇八年、朝日文庫、初出は一九九九年）七四～七五頁。
（6）壺井栄が一九五二年に発表した小説。
（7）竹山道雄が一九四七年～四八年に童話雑誌『赤とんぼ』に連載した小説。参照、髙田里惠子『文学部をめぐる病い』（ちくま文庫、二〇〇六年、初出は二〇〇一年）。
（8）奥泉光『石の来歴』（文藝春秋、一九九四年、初出は『文学界』一九九三年一二月号）。

てくれる場所だったわけです。そのような、日本にとっての軍部・軍隊の成立と社会の中でのあり方を、さまざま史料も繙きながら、見ていきたいと思っています。

奥泉　日本は近代化を迎えて、国民を統合し、国民の意思を代表する政治システムをつくらなければならないとなったときに、議会制がそれを担う形で一応やろうとしたわけですよね。

加藤　そうです。

奥泉　と同時に、軍部も独自にそれをやろうとした。徴兵制というツールを利用したわけですね。議会と軍部はいつでも対立していたわけではないと思うのですが、しかしこの二つの国民統合の方向が日本の近代にはずっと並存し続け、戦時には圧倒的に軍が優勢になっていった。

加藤　ものすごく大切なことを、うまくまとめていただきました。国民統合の方法としては、国民の参政権を介して国民を代表させる場としての帝国議会がまずはある。一方で、徴兵の義務を介して国民が兵士となる軍隊という場がある。そこで、さっそく、明治新政府がいかなる軍隊を作ろうとしたのか、それを「徴兵令詔書」と「徴兵告諭(9)」で見ておきましょう。ともに一八七二（明治五）年一一月二八日に出されたものです。

まず、徴兵制が始まりますよ、と国民に知らせるための天皇の詔書では、「古昔《こせき》郡県の制、全国の丁壮《ていそう》を募り、軍団を設け以て国家を保護す。もとより兵農の分なし」とし、「戊《ぼ》辰《しん》の一新は、実に千有余年来の一大変革なり」と述べています。古代では、全国から兵士を募る国民皆兵がとられていて、武士の世の中になってからの決まりだったような兵農分離などなかったといって、維新というのは、兵制を古代の制度へと戻す一大変革だと位置づけます。

奥泉　明治政府は「復古」の形をとって近代化を進めた。その典型ですね。

加藤　徴兵告諭を読みますと、中世から近世までの武家政権への批判がかなり強い言葉で書かれているのに驚かされます。武士というのは、「双刀を帯び、武士と称し、抗顔坐食《こうがんざしょく》し、甚しきに至ては人を殺し」ても罪に問われなかったと。抗顔坐食とは、働かないのにおごり高ぶっている人といった意味です。教科書にも載る有名なフレーズとしては「世襲坐食の士はその禄を減じ、刀剣を脱するを許し、四民漸《ようや》く自由の権を得せしめんとす」の部分でしょうか。武士の特権をなくし、四民に自由の権利を与えると謳っています。

（9）　由井正臣・藤原彰・吉田裕校注『日本近代思想大系 4　軍隊 兵士』（岩波書店、一九八九年）六七〜六九頁。史料現物の画像は、アジア歴史資料センター（https://www.jacar.go.jp/）で「徴兵令詔書」「徴兵告諭」の語句で検索すれば表示される。

新政府は一種の革命政権の常として、古代の制度を理想型として掲げ、直前までの武家政権時代については批判する。国を守るという観点からではありますが、四民は平等だと論じたところに身分制を否定した近代の息吹が感じられます。強烈な士族批判の言葉が見える理由は、この草稿を書いた人々が、急進的な四民平等推進派・秩禄《ちつろく》廃止論者が多かった左院という組織（立法審査機関）にいた人々だったことによっています。

国民統合の方式として、憲法と議会、そして軍隊がある。この二つは、一九世紀のヨーロッパなりアメリカなりの近代国家がもった標準的な近代の装置でした。まずは、身分的な兵制を基本的には解体し、近代国家となってからほぼ二〇年で憲法と議会という制度ももった日本は、拙速とはいえ早いスタートを切ったといえます。夏目漱石などは、西欧が四〇〇年かかった近代を日本が四〇年で学問的に追いつくことの異様さを指摘しましたが、異様ではあっても、軍隊あるいは憲法・議会という制度については、かなり早く作ってしまった点、ここに日本の特徴がありました。

西周が説いた将校の道徳

加藤　発足の時点での日本軍隊の近代性に寄与したものとして落とせないのが西周《にしあまね》(10)の存在です。後で一緒に読む、一八八二（明治一五）年の「軍人勅諭」の原案を、明治期の軍の創設者といってもよい山県有朋に依頼されて書いたのが西でした。西は、グロティウスを生んだオランダに、幕末期に幕府派遣学生として留学し、最先端の行政学・国際法・戦時海洋法などを学んで帰国した、ある意味の超人でした。「兵家徳行」(11)というテキストが、彼の考え方の基本を教えてくれるので見ておきますね。一八七八（明治一一）年二月から五月にかけて、西が陸軍将校に向けて行った講演でして、将校たるべきものの道徳を論じています。陸軍将校といいますと、血気盛んな体力自慢といったイメージが浮かびますが、それはあくまで昭和戦前期のものであって、明治初期に、将校に求められた道徳は、実に素直なものだったことに気づかされます。

もちろん、これは西周という一個人の考え方だとの批判も可能ですが、山県がそのような西に軍人勅諭の原稿を書かせているのが重要なのです。将校たるものは「部下を控勒《こうろく》し

(10) 西周（一八二九〜一八九七）は、一八六二（文久二）年から六五（慶応元）年までオランダ留学、開成所教授、沼津兵学校頭取などを経て、兵部省入り。六八（明治元）年に『万国公法』を訳刊。西洋式兵制の導入に務めた点が特筆される。外国兵制書の翻訳も多数。山県有朋とは洋書の貸借をしている関係。国立国会図書館のサイト「近代日本の肖像」の西の部分が秀逸(https://ndl.go.jp/portrait/datas/309.html)。

(11) 前掲『日本近代思想大系 4 軍隊 兵士』一四九〜一六二頁。

て己《おの》れが意志に従わしむるの術は、ただ己れ平素の徳行をもって、部下の死心を得るにあり」と。部下を統御し、その死活の去就を握るには、将校の日頃の道徳的行いこそが肝心、と述べていました。また、軍隊というものは、その国の人々の固有の性格や習慣に基礎づけられるのが大事と述べ、本居宣長の「敷島《しきしま》の大和心《やまとごころ》を人問《ひと》わば朝日に匂う山桜花」を引用します。この歌が出ますと、死を怖れない潔さ、といった意味を西が求めているのではないかと身構えてしまいますが、この歌の意味を西は「忠良易直」であると解きます。忠は「まめ」なこと、良は「おとなしい」こと、易は「すらりとして」いること、直は「すなお」であることだそうです。日本の軍隊が、忠良易直なままでいられたら、どんなによかったかと思います。

奥泉 ほんとうですね。しかし「おとなしい」が徳目になっているのは興味深いですね。昭和期では正反対がいいとされてしまうわけで。「血気盛ん」とか「闘争心」とか。山桜花とかいわれると、どうしても「同期の桜」的なものを連想してしまいますが、全然違っていたんですね。

加藤 このような考え方をもつ西によって、軍隊の精神的基礎が作られようとしたことは注目すべきことです。明治の軍隊の組成が、潜在的にもっていた合理主義の基はここにありそうです。天皇が日本の軍隊をなぜ率いるべきなのか、この理論づけも、神武天皇以来といった神話としての「歴史」をもちだすのではなく、西はその根拠を、国法に置きます。軍人勅諭の草稿を西が書いたといいましたが、[13]その草稿では、「国法上においては、朕我が帝国日本海陸軍の大元帥として総軍人の首領たれば、是が為に官職尊卑の別無くおしなべて服従の義務を尽せしめん事を要するなり」と書かれていた。天皇が大元帥であるのは、歴史ではなく、「国法上」、総軍人の首領だと書いてあるから、という意義づけです。

物語ではなく、国の法律が天皇を大元帥と位置づけているから、国民統合が合法的に図れるということでしょう。明治の軍隊の規律についての記述の変遷を眺めておくと面白いことがわかります。山県有朋や福地源一郎（福地桜痴）が修正を加えていったことで、「死は鴻毛《こうもう》より軽し」などの美辞麗句が入り、後の歴史で大きな禍害を内外に与えるのですが。建軍期の軍隊は、四民から兵士を徴集する組織として、国民統合の一つの形をなしていた。後で、軍人勅諭は重要な箇所を掲げた上で、解説しようと思います。

奥泉　大元帥である天皇の位置づけが、あくまで近代国家の法の枠組みのなかでなされて

(12)　前掲『日本近代思想大系4　軍隊 兵士』一五八〜一五九頁。
(13)　梅溪昇『軍人勅諭成立史』（青史出版、二〇〇〇年）、菅原光『西周の政治思想』（ぺりかん社、二〇〇九年）、大久保利謙『西周全集』第三巻（宗高書房、一九六六年）。

いたというのは、知っておくべきですね。昭和期の天皇は万邦無比の皇国という物語の主人公になって、法を超越した存在になってしまいますから。

「軍人勅諭」はなぜ出されたのか

加藤　ここでは、軍人勅諭が出された背景だけ見ておきましょう。まず、軍事指揮権を持った政治家、つまり文武両方を抑えうるリーダーが出現することの恐ろしさを新政府が明治初年の士族の反乱期に骨身に染みてわかったからです。一八七七（明治一〇）年の西郷隆盛に率いられた西南戦争は、これにもし、農民一揆や民撰議院設立要求運動が連動すれば大変なことになっていた。下野して故郷の鹿児島に戻る前の西郷は、参議であり近衛都督でした。つまり、政治と軍事のトップであった。これに懲りた山県らは、天皇を軍隊に密接に結ぶことで、文武両方を握る人臣が登場しても、圧倒できる体制にしていきます。さらに、一八八二年という年に出された理由には、またきわめて政治的なものがありました。

　その前年一八八一（明治一四）年九月一二日に、陸軍内での反主流派、つまり山県とは対立する側の、鳥尾《とりお》小弥太《こやた》・三浦《みうら》梧楼《ごろう》・谷干城《たにたてき》・曾我祐準《そがすけのり》の四将軍が、北海道官有物払下げに反対し、払下げの中止、政府の改革、国憲創立議会開設要求を行ったのです。山県らが警戒したのは、明治天皇の宮中側近らとこの四将軍が親密であったことでした。このような形勢を挽回すべく、軍人勅諭が出されたということです。天皇が、士族ではなく国民から徴集した軍隊を親しく率いる、との形式が整えられました。明治初年の民権派にとっては、帝国議会というものは、国民の力を結集する場だという認識がありました。その点でいえば、軍隊もまた国民の力の結集地点になります。

奥泉　議会と軍隊。この二つが国民統合の軸をなす、と。しかしこの頃の一連の資料を読んでいて気がつくのは、いまお話にもありましたが、「武士」との切断にものすごく留意していることですよね。いまもよく「サムライ・ジャパン」の言葉が聞かれて、この国にはサムライ的な伝統があるんだろうと漠然と思ってしまいますが、明治政府は「侍」「武士」を徹底的に排除したということがよくわかります。たとえば「武士の意地」のようなものは断然否定する。合理的な命令系統の組織化にものすごく腐心していますね。

加藤　明治初年の徴兵制の歴史観からすれば、武士は抗顔坐食の徒であって、秩禄を貰って人を殺している人であって「公」とは言えないとみなす。あくまで「私」なんです。明治初年の人々にとって、私心があるということは、相手に対する最高の侮辱の言葉でした。幕末期の江戸幕府が私心ありと批判されたのは、外国の軍隊と戦っても勝てないからといって戦いを避け、大義名分を失ったから幕府は倒れた、との歴史観[14]が優勢でした。前時代の支配層であった侍に対する、異化作用が徹底していたということですね。

奥泉　なるほど。むしろ武士的な伝統が排除されたので、逆に武士道みたいなものの強調が出てきたのか。

加藤　まさにそうです。日米の架け橋とならんといったことで有名な新渡戸稲造の話をしますが、ある日、新渡戸はベルギーの法学者と問答した。学校で宗教教育を行わない日本で、どのようにして道徳教育が可能なのか、と聞かれたのです。神なき国で近代化を成し遂げなければならなかった日本ですが、新渡戸が少年時代に学んだ道徳の教えは、武士道から来ていたと気づく。つまり、正邪善悪の観念を形成したものを見つめた結果、一八九九（明治三二）年に執筆したものが『武士道』[15]でした。ここで新渡戸は、典型的な武士の一人として西郷隆盛を挙げ、西郷の言葉「人を相手とせず、天を相手にせよ。天を相手にして己れを尽くし、人を咎《とが》めず、我が誠の足らざる」[16]を反省せよ、と述べたのを引用し、これらの言はキリスト教の教訓を想起させると結びます。

日本にとっての武士道というのは、近代になって西欧世界との摺り合わせが必要となった後で、世界の普遍的なものと比較可能な形で探されたもの。新渡戸でいえば、道徳の体系であり、義であり、勇であり、仁であり、礼、誠などの要素が説明されています。

奥泉　たとえば萩の乱（一八七六年）は武士の反乱ですが、明治維新自体は下級武士が推進力になったのに、ここで明治政府は下級武士を切り捨ててしまいますね。

加藤　そこです。藩権力に対抗して最後には倒幕へもっていくのに重要な役割を果たしたものに、士族層がおりました。その彼らが自ら望んだ革命政権は、現在の新政府とは別物だったとして、士族民権的な反乱に訴えると、容赦なく切り捨てられる。

奥泉　つまり江戸時代の身分制は完全に否定して、国民を創生するという方向に明治政府は進んでいく。たとえば福沢諭吉の『学問のすすめ』なども同じ方向にあって、啓蒙を通じて国民をつくろうという発想に立つものです。とはいえ、はい、つくりましょう、といって国民は簡単につくれるものではない。下関戦争のとき、長州が四カ国と戦争していると、その横っちょの方で地元の人たちがフランスの船に物を売りに行ったりしている……

加藤　そこが面白い。

奥泉　それを見ていた長州藩士らが、これじゃ駄目だと考える。でも、そうなるのは当然ですよね。

(14)　加藤陽子『戦争の日本近現代史』(講談社現代新書、二〇〇二年)四六〜四七頁。
(15)　新渡戸稲造著、矢内原忠雄訳『武士道』(岩波文庫、一九三八年、一九七四年改版)。
(16)　前掲『武士道』七五頁。

加藤　まさに。自由党の板垣退助も、官軍参謀として指揮をとった会津攻撃の際、あの強固な統治を誇った会津藩すらもろくも崩壊した。官軍に包囲されたとき、城下町の住民は戦闘下で我先にと逃げていったと。[17]その理由を板垣は、支配層と民衆とが、苦楽を共にしてこなかったため、と喝破した。当時の職分意識でいえば、国家を防衛するのは侍の役割で、町人の役割ではなかったのですね。御恩と奉公は武士に限られた関係でした。

奥泉　政治なり軍事なりは武士がやることになっていたから、一般民衆はそこから排除された存在だった。しかし、彼らを国民として創生しなければ国民国家としての日本は成り立っていかないという共通認識が、当時の指導者層にはあった。その方法の一つは、それこそ「学問のすすめ」、つまりは啓蒙で、社会的、政治的主体としての国民をつくるプログラムを一生懸命に実行しようとした。けれども間に合わなかった。日本の近代の悲劇は、国民をゆっくりつくる暇がなかったという点にあると思います。国民を熟成する時間が与えられなかった。明治政府が船出した一八七〇年代、八〇年代は、ちょうど世界が帝国主義の時代に突入した時期です。西欧列強に伍していくには、悠長に国民の生育を待ってはいられない。そこで軍が登場する。軍が主導して、兵士としての国民をつくっていくという方向にシフトした。このことが日本の軍隊というもの、あるいは日本社会の構成全体の特徴になったし、問題をはらむ原因になったのではないかと思います。

加藤　すごく重要なご指摘です。

お天道様と公道

加藤　ここで、東京帝国大学法学部で欧州政治史を講じていた吉野作造の話をさせてください。吉野は日本の政治体制に民主的な政治を根付かせようとした学者で、民本主義の命名者として教科書にも登場します。その吉野が一九二七（昭和二）年に執筆したものに「我国近代史に於ける政治意識の発生」[18]という大変面白い論考があります。まず、近世と近代の違い、近代の指標は何かを押さえておきますと、一般的には、（i）共同体の解体、（ii）身分制の解体、（iii）市場を軸とした再生産、などが、近代の画期とされます。[19]吉野の場合は近代の画期を、近代的政治意識の有無に置くのです。これはどのような意識かと

(17)　牧原憲夫『客分と国民のあいだ』（吉川弘文館、一九九八年）八頁。元の史料は板垣退助監修、遠山茂樹・佐藤誠朗校訂『自由党史』（一九五七年、岩波文庫、初出は一九一〇年）上、二八〜二九頁。

(18)　吉野作造「我国近代史に於ける政治意識の発生」『吉野作造選集』第一一巻（岩波書店、一九九五年）。

(19)　三和良一編『概説　日本経済史　第三版』（東京大学出版会、二〇一二年）。

いうと、政治を我が事とするような意識です。具体的には、一八九〇（明治二三）年に第一回帝国議会が開会された時、選挙権を持っていたのは国民の一・一％ほどでした。しかし、無資格でも多くの人々が演説会に殺到する。政治を我が事とするようになる。近世までの農民であれば、五人組などを想起してもらえばわかるように、政治に拘わらず、が基本的スタンスだったはずです。

それがいかなる契機で、政治を我が事とする国民へと変じたのか、この問いに吉野は答えを出そうとする。これが先に挙げた論文でした。冒頭のところなど、意外にわかりやすい書き出しですよ。「永い間の封建制度に圧せられ天下の大政に容喙《ようかい》することを一大罪悪と教えこまれて来た日本国民が、近代に至りていかにして突如政治をもってわれら自身の仕事なりと確信するに至ったか」。明治政府の意図しない開明性に光を当てました。幕末の攘夷運動で日本人は多くの外国人を殺害していた。しかし、政府は、世の中には万国公法というものがあって、世界の人々と交流するのは、お天道様が東から昇って西に沈むのと同じような、民が従うべき公道だと教える。

民に納得させるための論理を、万国公法は天下の公道だと言明したところに求めています。吉野は結論として、父祖たちが政治を自分自身の仕事と捉えるまでに政治意識を活性化させた背景として、政府側の施策の、ある意味での巧妙さ、すなわち「封建時代の教育において鍛《きた》えられた「道」に対する敬虔《けいけん》の態度を、そのまま舶来の公法にも捧《ささ》ぐべきを教え」た点に求めていました。明治政府は必死だったのでしょう。幕末、尊王攘夷一本で、最終的には討幕へと進んだ討幕派も含む新政府の首脳は、明治初年の人々の排外熱の処理に苦しんでいました。自らが煽《あお》ったわけですから。しかし、政権を握れば、その炎上してしまった攘夷論をうまく処理し、開国和親へと導かなければ、英国をはじめとする列強からの信頼を政府は失うことになりますね。そこで、公道というものが世界にはあったことに気づいた、さあ従いましょうということを、遅ればせながら必死に啓蒙する。

奥泉　江戸時代に培われていた倫理の感覚を、国際的な公法に接ぎ木したわけですね。

加藤　そうです。政府が主導した啓蒙を吉野が跡づけているのが面白い。国民の覚醒という点をリアルに見ていたのでしょう。しかし吉野は、日本が国際連盟に脱退通告をする年の一九三三（昭和八）年には亡くなってしまいます。吉野は、社会民衆党など合法無産政党などを育てようともしていたのですが。しかし、これらの政党は、当時の帝国議会で多数を占めていた、政友会と民政党の二つの既成政党を前にしてキャスティング・ボートを握るまでにはならない。軍部は、これらの二大政党を既成勢力の最たるものとして、その金権腐敗を厳しく批判する側に立っていきます。

奥泉　一種の市民の創生を目指す方向性は明治政府にもあったというふうに見ていい、と。

たしかにそれは底流としてあり続けたと思うんですね。でも、それでは間に合わないという危機意識のなかで、軍は徴兵制をバネにして、独自に国民の創成の課題に応えていく。そういう明瞭な目的意識があったかどうかは難しい問題ですけども、軍にもそうすべき合理的根拠はあった。

政治からの統帥権の独立

加藤　市民と軍隊。この兼ね合いが難しい。軍隊というものの存在価値について、少し話をさせてください。日清戦争時の外相は陸奥宗光でした。彼は日本の真の意味の独立を阻害している不平等条約について、こう認識していた。「条約改正の目的を達せんとするには、畢竟《ひつきよう》我国の進歩、我国の開化が真に亜細亜《あじあ》洲《しゆう》中の特別なる文明、強力の国であると云《い》う実証を外国に知らしむるに在り(20)」。これは帝国議会における外相としての施政方針演説の一文でした。外国に示すための「実証」が戦争に勝つということとイコールであった時代でした。日清・日露、二つの戦争に勝つことで、たしかに、不平等条約は改正できた。結局、世界が日本を認めたのは軍事力をバネとしていたからという帰結になる。軍としては、独立国民の創生という、悲願の達成に大きな役割を担ったという自己イメージがある。一八七九（明治一二）年の山梨県の民権派新聞に、力をまとめ上げる場所が国会だという言い方があったのですが、力をまとめ上げる場所にはもう一つ、軍があるということになりますね。

奥泉　国民の統合を担う主体として日本の軍はスタートした、と。そこで目に付く大きな、決定的な特徴は、天皇が大元帥として軍隊を親率するシステムですね。のちの大日本帝国憲法でも天皇の統帥権がはっきり謳われる。それは簡単に言えば、軍が他の権力の制限や干渉を受けないということですよね。

加藤　まさに。軍隊の指揮や国防計画の立案などから、政治の影響力を排除しようとの動きですね。統帥権を独立させなければならなかった背景をまずは見ておきましょう。これは最初は、消極的な意味づけでした。軍・軍隊を政治から隔離する、という方向です。軍・軍隊のことに政治を干与させない、といった昭和戦前期の攻撃的な姿とは違う。一八七八（明治一一）年一二月六日に参謀本部が設置され、一つの行政機構に過ぎないともいえる陸軍省から独立します。先にも出てきましたが、江藤新平による佐賀の乱や、西郷隆盛による西南戦争の時などに、政府側が思い知ったのは、政府部内に居て、人望も勢力もあった

(20)　陸奥宗光外相の一八九三（明治二六）年一二月二九日演説。第五回帝国議会衆議院議事速記録第一九号。帝国議会会議録検索システム（https://teikokugikai-i.ndl.go.jp/）による。

要人が、士族反乱に投ずる場合、鎮圧に向かう政府側の軍事攻略方針が、現地の鎮台や郵便局などを通じて反乱軍側に漏れてしまうことが多々起こった。そこで、どうしても、通常の行政の系統とは別に、軍隊の指揮命令権が確立している必要が生じました。

また、西南戦争の鎮圧に功のあった近衛砲兵大隊、これはまさに皇居のすぐそばにある陣営でしたが、その兵士らが大隊長・士官を殺害するという事態が起こる。恩賞の不公平さに不満であったとされますが、この竹橋事件は、一八七八（明治一一）年八月二三日夜に起こる。山県は、恩賞の公平さという要求自体に、民権運動の軍隊への思想的波及を感じ取り、まずは、政治から軍・軍隊を離そうとしました。

奥泉　西南戦争はもちろんですが、竹橋事件の影響も大きかったんですね。統帥権独立は、軍隊が政治動向に左右されないようにする、軍隊が政治に利用されないようにするための方策としてスタートした、と。しかし昭和期に至って、それが軍部独走の一つの根拠になっていく。ある法や制度が、最初にできたときの目的とはまったく違う方向に作動してしまう。あるいは、ある時代に有効だった制度、成功した制度が、時代が変わって前提条件が違ってしまうと、最悪なものになってしまう。こういう皮肉に歴史は満ち満ちていますよね。

加藤　山県有朋は非常に慎重な性格で、まずは、江藤や西郷のような政治家が軍隊を動かすに至ることを非常に怖れます。これを「私闘」とレッテルを貼って、軍隊の私兵化を絶対に阻止すること、民権派＝議会勢力に軍事指揮権が渡らないようにすること、これが至上目的だったのでしょう。板垣退助のことを先に申しましたが、彼は維新期に会津藩の攻略に出向いた政府軍の指揮官でした。自由党の板垣は、土佐藩の武士だったわけです。この緊張感が、統帥権独立を要請した。しかし、これは昭和戦前期になりますと、悪用されます。

明治維新が一八六八年とすれば、太平洋戦争の敗北まで七七年が経過していた。このくらいの時間のスパンというのは、一つの制度の合理性の薬が効いている時間ではないでしょうか。ある時期には有効な合理的な制度として作られて、その時分には最適解だったものが、七〇年を過ぎると崩れてくる。現在が一九四五年から七七年だとすると、また一つの戦後体制の終わりに当たっているのかなと思います。

軍が政治に干与しはじめる

奥泉　先ほど「軍人勅諭」に触れましたが、その解釈もまた時代を追って変化していったわけですね。

加藤　まさに、そこです。「軍人勅諭」というのは、天皇が直接、兵士に呼びかけるかたちの前文の部分と、軍人が従うべき徳目を五つ挙げる。一つめが「軍人は忠節を尽すを本分とすべし」で、二つめが「礼儀を正しくすべし」で、三つめが「武勇を尚《とうと》ぶべし」で、四つめが「信義を重んずべし」で、五つめが「質素を旨とすべし」で、先に西周のところで述べた、「忠良易直」とさほどかわらない。この五つの徳目はどのような時代にも適応できる緩いものでした。またとくに、忠節の項の中に、山県が参謀本部の独立を企てた最大の理由である、政治から軍を切り離すという意味での、「世論に惑わず、政治に拘らず」が出てくる。当初の意味は、軍人は政治に頭を突っ込むなという意味であったのは間違いない。ですから、軍人の教育を管掌する部署である教育総監部が、その文句の解釈として『軍人勅諭謹解』という本文部分では、「政治の状態がいかようにあろうとも、政治の運動にたずさわり、党派に与し、又は政争の渦中に投ずるが如きことなく(21)」の意味だと、妥当な解説をしています。

奥泉　その『軍人勅諭謹解』が出たのは何年ですか？

加藤　一九三九（昭和一四）年です。

奥泉　日中戦争のさなかですね。この頃はもう軍人が政治に干与しまくっている。

加藤　はい。だから同時に、「付記」の部分で、余計な解釈を載せているのです。「政治に拘らず」とは「陸海軍大臣が、国務大臣として輔弼《ほひつ》の責に任じ、陸海軍大臣輔佐の任にある軍人が、おのおの、その任務内において政治の問題に携わり、戦争指導の任にあたる軍人が、それぞれ戦略と攻略とを密接ならしめ、あるいは国家総力戦的立場より、国政の全貌を知悉《ちしつ》し、また一般軍人が、国民の一員として国政の概要を知るがごときことを戒め給えるものではない[22]」として、さまざまな階層の軍人が、政治に干与してよい領域を例示していました。教育総監部自身が火をつけに行っているわけですね。

奥泉　こうなると「政治に拘らず」はもうほとんど反故ですね。

加藤　このような解釈の変化が現れた画期の時期は、はっきりしています。一九三一（昭和六）年から三二年にかけて、三月事件、一〇月事件、血盟団事件、五・一五事件など、陸海軍の青年将校などが干与したテロやクーデター事件が相次ぎました。

奥泉　大陸では満州事変から満州国建国があった。

加藤　五・一五事件の裁判は、大川周明ら民間側被告と、古賀清志・三上卓ら海軍青年将校側被告で別々に開かれました。その時、海軍側の検察官（海軍法務官山本孝治）による論告求刑は厳正なものであり、軍人勅諭から「軍人は政治に拘らず」の部分を引用し、武器

(21)　教育総監部『精神教育資料　第六二号　軍人勅諭謹解』（一九三九年）五五〜五六頁。
(22)　同前書六一〜六二頁。

を独占的に保有し国家を守る義務を有する軍人が、一国の首相を殺害するのは言語道断として、古賀と三上に対して叛乱罪に問い、一九三三年九月、死刑を求刑します。

それに対して、国民は一気に減刑運動を起こして、同年一一月の判決は、禁錮一五年に減刑されてしまう。同じ軍法会議でも、陸軍士官学校生徒を裁いた陸軍軍法会議の検察官（陸軍法務官匂坂春平）の方は、先ほどの教育総監部の付言のようなことを言っています。いわく、「軍人は世論に惑わず政治に拘らず、其の職を守り其の職を尽すをもって第一義とすべきはもちろんなりといえども、その職分は国家の保護にあるがゆえに、いやしくも国防に関する限り、たとい政治的問題についても、全然これに無関心なるあたわざる」[23]。こと、国防問題であれば、軍人も政治に干与しなければならない場合もある、としてしまう。また、本来は軍人の犯罪を取り締まる部署である憲兵隊にいた、福本亀治陸軍憲兵大尉は「五・一五事件公判に現はれた軍人と政治問題に就て」[24]という論考で、軍隊が国家を保護するためには、国家の政治現象に超然としてこれに全く無関心であることは不可能だとし、とくに国防問題については、「軍の編制、常備兵額、並兵力量の決定の如き大権事項が、一度一般政務の裁量によって決定せられ、或は国防問題が、政党制政派の政略の具に供せられ、国防上重大な欠陥」が生ずるようなことがあっては、一大事だとして、軍人の政治干与を認め、政党政治の弊害を痛罵していました。

たしかに軍人も、現役兵として徴集されている時期以外、予備役にある間は、一九二五（大正一四）年からは普通選挙法によって、選挙権を有するようになっていた。選挙権をもつ兵士が兵営に入ってくるのであれば、将校たるもの、政治に通じていなければならない、との議論もよくなされていました。ですから、テロやクーデターが頻発した昭和初年の時期には、早くも、軍人はこと国防に関することであれば、政治に干与してよろしい、といった気風が広まりました。海軍青年将校に対して広く減刑嘆願運動が起きたということは、国民もまた、この風潮を是認していたことになります。

奥泉　国民統合の二方向、議会と軍ということでいうと、五・一五事件のあった昭和七年の頃には、国民は軍のほうに傾いていた。自分たちの意思を正しく代表してくれるのは軍だというふうになっていた。逆に、選挙と議会による国民統合の機能が不全になっていた

(23)「元士官候補生後藤映範外十名反乱被告事件論告要旨」、原秀男ほか編『検察秘録　五・一五事件』Ⅲ巻（角川書店、一九九〇年）四三三〜四四三頁。

(24) 福本亀治陸軍憲兵大尉「五・一五事件公判に現はれた軍人と政治問題に就て」憲兵司令部軍警会『憲友』一九三三年第二七巻六号所収。「JACAR（アジア歴史資料センター）Ref. C12120101600、五・一五事件公判に現はれた軍人と政治問題に就て（防衛省防衛研究所）」

ことがよくわかります。

変わりゆく教育勅語

加藤　ちょっと長くなってしまいましたが、あと一言。時代とともに読み方が変化してしまう天皇の言葉＝勅語という論点では軍人勅諭とともに思い出されるのが「教育勅語」です。全文は本書の中ほどに載せてあります。教育勅語は、一八九〇（明治二三）年一〇月三〇日、ちょうど第一回帝国議会が開催される少し前に出されます。軍人勅諭と同じく、天皇の言葉として、国務大臣の副署なしに、御名と御璽を付して出された勅語でした。教育勅語は、国民全てが学ぶ原則の尋常小学校のさまざまな場面で読み上げられることになります。軍人勅諭が徴兵検査を受ける壮年の男子一般が暗唱させられたように、教育勅語も社会における影響力が大きかった。

現代では、保守政党の政治家が、書かれていること自体に悪い項目はない、と嘯《うそぶ》くことなどもありますが、この勅語が変化していった歴史的経過を考えれば、とてもそのような暢気《のんき》なことは言っていられません。教育勅語の後半部分に、「斯《こ》の道は、実に我が皇祖皇《こうそこう》宗《そう》の遺訓《いくん》にして、子孫臣民の倶《とも》に遵守《じゅんしゅ》すべき所、これを古今に通じて謬《あやま》らず、これを中外に施して悖《もと》らず」の一文があります。この分野の第一人者である高橋陽一さんの現代語訳を挙げておきますと、この一文の意味は、「ここに示した道徳は、実に私の祖先である神々や歴代天皇の遺した教訓であり、天皇の子孫も臣民とともに守り従うべきところであり、これを現在と過去を通じて誤謬はなく、これを国の内外に適用しても間違いはない」となります。天皇が読み手に呼びかけている形式がとられています。[25]

制定当初はこの「斯の道」の指すものは、直前に書かれている徳目、すなわち、父母に孝に、兄弟に友に、夫婦相和し、朋友相信じ、〔中略〕智能を啓発し、〔中略〕進んで公益を広め、〔中略〕国憲を重じ、国法に従い、一旦緩急あれば義勇公に奉じ」といった徳目部分を指していたと理解されていました。明治期の修身の教科書〔第二期国定教科書〕では、「斯の道」は、個々の徳目を指すものであって、徳目のまとめの最後に書かれている、「以《もっ》て天壌無窮《てんじょうむきゅう》の皇運《こううん》を扶翼《ふよく》すべし」〔現代語訳　そうして天と地とともに無限に続く皇室の運命を翼賛すべきである〕は、「斯の道」には含まない、とわざわざ説明がなされていました。[26]

奥泉　なるほど。そのあたりは大変面白いですね。

加藤　その理由は、明治憲法を制定し議会を開いた当時の日本は、世界の目を強く意識し

(25)　高橋陽一『くわしすぎる教育勅語』〔太郎次郎社エディタス、二〇一九年〕八三〜八九頁。
(26)　同前書一八三頁。

ていたからでしょう。明治憲法の起草・英訳などに従事した金子堅太郎などを海外に派遣して、憲法の出来についての外国の憲法学者からの論評を集めさせたことからもわかります。「斯の道」の現代語訳を示しておきましたが、「国の内外に適用しても間違いない」と断言する部分に、人々が従うべき徳目ではなく、「皇室の運命を翼賛すべき」だとの内容が含まれていては困るわけです。海外から批判されてしまいます。この時代には、このような自己抑制が効いていました。

奥泉 国際的な常識というか、外部を意識した配慮があったと。

加藤 しかし、一九四〇（昭和一五）年、変化が現れます。

奥泉 いやな予感がしますね（笑）。

加藤 「聖訓の述義に関する協議会報告」なるものが出され、「斯の道」には、「以て天壌無窮の皇運を扶翼すべし」を含む、との大きな解釈変更を行います。「皇運扶翼」という行為が、海外でも適用できるとしたのです(27)。これまでは、植民地や占領地の人々に対して、「天壌無窮の皇運を扶翼すべし」とは、さすがに要求ではない、との自制があった。

この自制が一九四〇年に飛ぶわけです。ちなみに、同年一〇月の陸軍特別観兵式で天皇が発した勅語の末文には、「汝等《なんじら》ますます奮励し、協心戮力《きょうしんりくりょく》、朕《ちん》が股肱《ここう》たるの本分を竭《つく》し、以て天壌無窮の皇運を扶翼せよ」と書かれていました。軍人勅諭には本来ない文句「天壌無窮の皇運を扶翼せよ」が、教育勅語から、もぐりこまされていますね。

軍人勅諭の原案を西周が書いたのと同様に、教育勅語の原案は井上毅が書きました。この人は、御雇外国人らと明治憲法を書いた中心人物でしたが、教育勅語の臣民が守るべき徳目のところに「爾臣民《なんじ》」に続く言葉としては「父母に孝に」が来る。「忠」は入っていなかった。そこで、これに不満な人々、たとえば、伊藤博文の女婿の末松謙澄などは、自らの注釈書『勅諭修身経詳解』で、「父母に孝に」の上の部分に、本来は教育勅語に書かれていない、「皇室に忠に」の一句を挿入して説明していました。

「天皇教」の聖典へ

加藤　軍人勅諭の場合も、草稿の過程では、徳目としては、秩序・胆勇・質直・勤倹の四つしかなく、忠節と信義の二項目は入っていなかった。山県が西の原案に加筆し、信義の徳目をまずは入れ、信義の徳目中に、「軍人たる者は輿論の党派に拘らず政治の如何を論ぜず、其本分を守て、義の山岳より重く、死の塵芥《じんかい》より軽きを思い常に其節操を誤ることなかるべし」と書き入れた。西は、道徳注入による統制は避けたいと考えた人でした。

(27)　同前書一九二～一九三頁。

「法で治めると言ふは、苛酷《かこく》な様で却《かえっ》て寛大余裕のある」ものと考えていました。(28)西、山県、と来て、最後に手を加えた福地源一郎〔桜痴〕が、徳目の名称を、忠節・礼儀・武勇・質素・信義という、最終形態に整えます。しかしその時、先の山県の「義の山岳より重く、死の塵芥より軽きを思い」の一文、これは本来、信義のところに入っていたものを、福地は忠節の項目に入れ、その一文を「義は山嶽よりも重く、死は鴻毛よりも軽しと覚悟せよ」と美文調に酔って書く。これは、太平洋戦争前の一九四一（昭和一六）年一月八日、東条英機陸相が出した「戦陣訓」のトーンに似てきます。むしろ、この福地の美文調が戦陣訓に拡大していったというところでしょうか。

奥泉　文学が利用されてしまう。だいたい美文と戦争が結びつくとろくなことにならない。

加藤　戦陣訓本訓其の二の第七の「死生観」のところには、「従容《しょうよう》として悠久《ゆうきゅう》この大義に生くることを悦《よろこ》びとすべし」と書かれています。また、同じく第八の「名を惜しむ」のところには、「生きて虜囚《りょしゅう》の辱《はずかしめ》を受けず、死して罪禍《ざいか》の汚名を残すこと勿《なか》れ」となる。

奥泉　そもそもは、意地や功名心のような武士的なエートスを排除して、近代的な軍隊組織のなかで動く人間の、ごく基本的なモラルを謳っていたのに……

加藤　そうです。将兵の徳目なのです。軍人勅諭でいえば、信義の項に入っていたのが、忠節の項に入ってしまう。教育勅語でいえば、「父母に孝に」の前に「皇室に忠に」などという注釈が入ってしまう。軍人勅諭、教育勅語、この二つの天皇の言葉が、時代とともに暴走する。二つの勅語ともに、天皇に代わって政治責任を負うはずの国務大臣の副署がない。本来、副署がなかった理由は、軍人勅諭の場合は、天皇が親しく将兵に語るという形式＝モードが必要であったからです。また、教育勅語の場合は、天皇が国民の良心に立ち入っては駄目だから、天皇の考え方を示したものという意味で、副署がなかった。これが昭和戦前期になりますと、本来は天皇のすべての行為についての政治的法律的な責任は国務大臣が負うわけですが、特別なこの二つの勅語に関しては、責任を負うべき主体がないのです。陸海軍大臣や文部大臣が、勅語を読み解くといった形式で、時々の解釈を「謹解」という形で、自分に都合のよいように国民に伝えてしまう。

奥泉　「軍人勅諭」は元来の性質はそうでないにしても、「教育勅語」との組み合わせ、あるいは解釈の積み重ねによって、一種の天皇教の聖典ともいう宗教テキストになっていく。このことが日本社会のシステムにとって決定的な意味をもったということですね。

加藤　まさにそのとおりです。天皇は排泄すらしないと思っている大人はさすがにいなかったとは思うのですが、一方で、やはり子供たちの回想などを読むと神さまだと思ってい

（28）　西周「百一新論」、前掲『西周全集』第一巻所収。

たというのもある。エリート層には密教（自身が生物学者である天皇を統治の機構の一つとして理解）で、庶民大衆へは顕教（天孫降臨神話での理解）でという分け方も久野収さんなどによってなされましたが。

奥泉　明治政府を作った人たちのようなエリート層が天皇を統治の道具と捉える一方で、大衆には現人神としての天皇イメージが与えられる。それを密教、顕教というアナロジーで捉えるのは、なるほどと思います。しかし、地域の実質的指導者であった豪農層とか、都市の非エリート知識人とかの「中間層」がどうだったかといったことを含めて考えると、なかなか簡単に割り切れない。地域差もあるし、時期によっても変化する。人々の天皇観を捉えるのはなかなか難しいですよね。

加藤　難しいです。

民衆にとって天皇とは？

奥泉　顕教といわれる庶民大衆のレベルでも、人々が天皇をどう思っていたかということはなかなかわかりにくい。もちろん人によって違うとしか言いようがないのですが。

渡辺清が『砕かれた神』に書いていますが、戦艦武蔵の沈没から生還した渡辺が戦後すぐ静岡の実家に帰ると、近所の人が「天皇陛下の首が吹っ飛んだって文句は言えねえわさ……」とかるく言っている。天皇が処刑されるという噂が村に広がっていることに驚くわけです。

加藤　面白い描写ですね。

奥泉　のちに反・天皇主義者になる渡辺も、この段階では、「おそろしい罰あたりな噂だ」と思う。ついこのあいだまで天皇崇拝で一枚岩だったように見えた農家の人たちが、天皇の首がちょん切られると、かるく喋っているわけですよ。もともと民衆にはこういう感覚があったのかもしれません。戦争に負けたということは、もちろんあるわけですが。

加藤　そうですね、戦争に負けたわけですから。天皇が神聖不可侵、無答責だというのも近代の言説であって、後鳥羽上皇は承久の乱を起こした責任で鎌倉幕府によって隠岐に流されていますね。このような「歴史」は、戦前の小学校などでは教えられていなかったかどうか知りたいところです。

奥泉　ただ、一般の農家の人たちが自分たちの言葉を自分たちで残すということはしてないので、これも渡辺が耳にして記した間接的な証言なんですよね。

加藤　普通の人々の言葉に知識人が驚いて書き留めたというパターンが多いですね。

奥泉　一方で、敗戦直後は天皇支持がものすごく高いというGHQの調査がある。民衆がどういう感覚で天皇というものを見ていたのか、本当にこれはわからない。そもそも明治期に天皇の神格がどのように浸透していったかということからわからないんですけどね。明治期には、生き神として崇められるような、宗教的なカリスマがほかにもけっこういたりするわけで。

加藤　幕末から明治にかけて、京都の人は別にして、徳川家のお膝元であった江戸の人々など、天皇のことをどれほど知っていたのか謎でした。御簾《みす》の後にいた若年の明治天皇などをイメージできていたのか。知られていなかったから、明治初期に東北巡幸などを行って天皇を人々に見せたのだろうと思っていました。しかし、そうではなく、江戸の町人などは、徳川慶喜の大政奉還後から戊辰戦争までの情勢を、政治的意図を読み取られないような、錦絵として新聞のように発行していました。これは、奈倉哲三さんの本『天皇が東京にやってきた！』という本(29)で明らかにされました。錦絵を分析した本です。

徳川家の下で二六〇年がたった江戸の名主らは、戊辰戦争の成り行きを追う。上野の寛永寺貫主として京都から下っていた北白川宮能久親王の動静でいえば、宮は徳川慶喜の助命や戦争中止を要請するため京都に上るも、京都側は拒絶する。一八六八（慶応四）年五月の上野戦争勃発後、宮は彰義隊、奥羽越列藩同盟側に担がれる。よって、江戸の人々にとっては、手に汗を握る攻防となり、これが錦絵で、子供の相撲などの絵で描かれていました。一〇人対一〇人の子供たちがとっくみあいの喧嘩をしている錦絵を描く。その子供たちが着ている着物の柄で、これは薩摩だとかこれは長州だとか、これは列藩同盟側などを暗示できている。天皇を江戸の庶民はどのように知ったかといえば、このような錦絵であったのです。ある意味で東か西かの東西合戦の戦況報告として錦絵を読んでいる。新潟口でどうも京都方が勝ったとか、海軍を率いた江戸の側がどうも東北では頑張っているとか。江戸の庶民方にとっては、天皇は輪王寺の宮（北白川宮）の取りなしも無視して戦争を止めなかった軍事政権＝革命政権のトップとしてのそれでした。イメージがないというよりは、レッテルがしっかりと貼られている。

だから、戦争で敗ければ首を斬られるといった発想は、民衆にはあったかもしれない。マッカーサーという軍事指導者が勝った、その政権が日本へやってくるという交代劇として。

奥泉　なるほど。軍事のトップの交代劇として敗戦が捉えられたのだ、と。そう考えると、降伏から占領体制への移行が異様にスムーズだったことも理解できますね。軍事のトップにマッカーサーが立ち、彼に赦された者として、天皇は非軍事的な文化の担い手となる。しかし、天皇のもつ意味はそれにとどまらないはずで、そのあたりは今後の課題として考

(29)　奈倉哲三『天皇が東京にやってきた！』（東京堂出版、二〇一九年）。

えたいですね。

自制を失う「帝国」

奥泉　天皇の権威をいちばん内面化していたのは、おそらく「中間層」の人たちで、三〇年代に狂信的な右翼テロに走ったのは、だいたいそういう層です。他方で、「大衆」においてそれがどこまで内面化されていたのか。これが問題なんだと思いますが、そもそも内面化とはどういうことなのかから考える必要がある。言葉を残さない人たち、極端にいえば言葉をもたない人たちに、内面化といったことがありえたのか。

そのあたりはよくわかりませんが、いずれにしても、天皇教というものが日本の社会を動かしていくことになったのは間違いない。それはたくさんの悲劇を生んだ。話を少し戻すと、たとえば教育勅語は日本国民以外にも妥当すべしということになってしまった。

加藤　いま、野田サトルさんの『ゴールデンカムイ』という漫画、アイヌ民族の少女を主人公として、日露戦後の北海道、樺太、ウラジオストックなど北東アジアを広く舞台にした漫画が大人気で内容的にも高い評価を得ています（二〇二二年四月に連載完結）。一九〇五（明治三八）年の日露戦争で獲得した南樺太など多民族から構成されていた。そのような人々に教育勅語をどう読ませていくのか、日本の中央史観からはなかなか気づかない問題です。一九一〇（明治四三）年の日本による韓国併合、植民地化もなされた。明治期にはいまだあった自制が一九三〇年あたりを画期として、だんだんと効かなくなる。

奥泉　朝鮮における創氏改名もはじまる。一九三九（昭和一四）年ですか。

加藤　そうです。一九一〇年に併合した時には、併合に至る経緯などを知る日本の官僚が残っている。朝鮮総督は寺内正毅、長谷川好道と続きますが、彼らの下で育成された「生え抜き官僚」などがいて、朝鮮を外国であった国、皇帝がいた国なのだという他者意識がありました。統治の方法が残酷なものであれ。そして、第三代の斎藤実《まこと》は、第二代の長谷川の治世の反省からスタートしていました。いわゆる「文治政治」といわれるものです。長谷川の時代、一九一九年三月一日に三・一運動が起こり、かねての不適切な統治政策に批判が高かった長谷川が原敬内閣によって更迭される。その後、これまで陸軍大将が任命されていた人事の慣例を破り、海軍大将の斎藤実が朝鮮総督になった経緯がありました。

しかし、関東軍司令官（これは中国大陸の奉天、一九三二年の満州国建国後には新京に駐屯する日本軍の司令官）を経験した南次郎が総督になる。南は朝鮮を国王がいた国、または外国としての認識ではなく、同じ傀儡国家、植民地である地域として、帝国の視線で見ます。宇垣一成を経て、南次郎以降の一九三六（昭和一一）年以降の朝鮮統治は変化します。

奥泉　文化侵略はいちばんの禍根を残す。これは間違いない。

加藤　そのとおりだと思います。

主権線・利益線論と物語としての日露戦争

奥泉　アジア・太平洋戦争を考える準備段階として、近代日本の対外政策の特性も捉えておきたいと思います。とくに重要なのが「主権線・利益線」という考え方ですね。

加藤　はい。周りを海に囲まれ、西に清国、北にロシアに近接する日本が、いかなる安全保障策、当時の言葉でいえば安全感を抱いていたのか、それについてお話しします。日本が一八九四（明治二七）年に清国、一九〇四（明治三七）年にロシアと開戦するに至った理由は、単純化すれば、朝鮮半島が他国の支配下に入らないように防衛することが大事だとの意見を為政者らが抱いていたからです。ここでは、山県の安全感について見たいと思います。一八九〇（明治二三）年三月、総理大臣の地位にあった山県は、「外交政略論」という意見書で、ロシアのシベリア鉄道着工（一八九一年建設開始、一九〇四年全線開通）によって、ロシアの南下の危険が増す中、日本の安全感を確保するには、主権線の防護とともに、利益線の防護も必要だと論じました。これが有名な主権線・利益線論ですが、主権線とは、日本の国境の内部の地域を示し、利益線とは日本の安全に密接な関係を持つ隣接地域を指し、具体的には朝鮮半島を指していました。

山県は、一八九〇年一二月の第一回帝国議会の施政方針演説もこの考え方によって説明しています。当時の議会勢力は民党が圧倒しており、山県は政府提出の陸海軍予算案を通過させるべく、説得的な安全策を議会で説明する必要がありました。言葉としてはなかなか面白い響きをもつ、主権線・利益線という概念を山県に教えたのは、伊藤が憲法調査にオーストリアに赴いた時に憲法の要諦を教えたシュタインでした。憲法と軍事戦略、この二つを近代日本は同じ学者から教わったことになります。

シュタインは、日本にとって、シベリア鉄道建設自体が脅威になるのではなく、ロシアが海軍根拠地を求めて南下して、朝鮮半島を占領した時こそが脅威だと教え、利益線というものを国家は自覚すべきだと教えます。ただ、シュタインは朝鮮に日本が侵略せよ占領せよと教えたのではなく、ロシアが朝鮮に海軍根拠地を築かないよう、朝鮮を中立に置くことができさえすれば、必ずしも朝鮮への武力干渉の必要はないとし、英露双方から朝鮮の中立についての確約を取ればよい、との助言を与えていました。この時点では山県も、主権線・利益線論の中で、英独のいずれかの仲介によって、日清両国が共同して朝鮮の中立を確保するとの選択肢を想定していたという解釈が近年の研究の主流的考えです㉚。

奥泉　日本にとっての当面の利益線は朝鮮半島であり、安全保障上そこを絶対確保しなければならないのですが、必ずしも日本が支配する必要はなくて、中立でいいというわけですね。とにかく外国に支配されてはならない。そのあたりの経緯について書かれた加藤さんの著作(31)を読んで、日清戦争や日露戦争の本質的な意味が見えてきて瞠目しました。なにしろそうじゃないとずっと思ってきましたからね。ことに日露戦争は全然べつの物語でかたられてきたじゃないですか。

加藤 朝鮮や中国に対し、ロシアが強硬策をとるから日本がやむなく防衛に立ち上がるというストーリーでしょうか。

奥泉 そうです。実はロシアは朝鮮半島を中立化しようとしていた。日本は優先的な支配権を維持しようとしていた。その争いが日露戦争の中心だというのが加藤さんの見方ですよね。でも、そういうふうには語られてこなかった。ロシアが中国を侵して満州をぶんどろうとしているのを、日本が中国に代わってやっつけてあげた、護ってあげた、みたいな。そういう物語が流布してきた。日露戦争当時も流布していたし、現在も流布している。この物語は、日本海海戦などと結びついて、なかなか魅力がある。

日清戦争後の三国干渉と臥薪嘗胆もそうですね。徳富蘇峰が臥薪嘗胆の物語を作って、それが広まっていったみたいですが、清に勝った日本の強大化を恐れる諸列強、いまに見ていろよと歯を食いしばる日本というのは、物語として非常にわかりやすい。

加藤 三国干渉への対応にしても、陸奥宗光の受諾決意によって、追加の賠償金までを受け取れ、それにより日本は軍備の拡張、高等教育機関の拡充も可能となった。

奥泉　臥薪嘗胆、官民一丸となって戦争に向かっていったわけではない。日露戦争の前年くらいまで、元老も閣僚も政党勢力も開戦には慎重だったという指摘も目からウロコです[32]。でも、そうではない物語が流布している。物語が歴史を動かしてしまう一つの例だと思うんですね。だから、そうなんですよ。物語の批判をちゃんとやらなきゃいけないんですよ、とくに小説家は。でも、これがなかなか大変で、どうしてもわかりやすい物語を作り、それを流通させてしまう。流通してなんの害もなければいいんだけど、そうじゃない。大変な禍害をもたらしてしまう場合がある。流通する物語をたえず批判していかないと悲惨を招く可能性が高いとつくづく思います。そこに歴史を学ぶことのいちばんの意義がある。

加藤　ただ、歴史家として常に迷うのは、「本当はこうであった」という事実の指摘や

（30）大澤博明「日清共同朝鮮改革論と日清開戦」、『熊本法学』七五号（熊本法学会、一九九三年三月）。
（31）加藤陽子『天皇と軍隊の近代史』（勁草書房、二〇一九年）、第1章、第2章。
（32）加藤陽子『それでも、日本人は「戦争」を選んだ』（朝日出版社、二〇〇九年）一六一～一六二頁。

「歴史に学ぶ必要がある」という教訓に導くやり方では、人は動かない。司馬遼太郎さんの『坂の上の雲』における当時の国際関係の描き方に問題があるとして、この点が史実とは違うと正確に指摘することは本当に大切[33]だと思うのですが、相手は一つの作品として物語の世界を提示してきているわけですね。ロマンを含む物語が完成形で提示された。その中の不正確さを論ずることの意味について、私はやはり限界を感じています。歴史家の一つの方法としては、これは、先年亡くなった松尾尊兊氏とプロレタリア作家・中野重治の戦後の関係が想起されますが[34]、小説家に正確な史実を提供し、物語を紡ぐ際の必須の参考史料を提供していくという関係です。

奥泉　その期待に小説家が応えていくのは簡単じゃない。史実を見据えて、わかりやすいロマンティックな物語に引きずられるばかりにならないよう心がける必要は最低限あるわけですが。最初にも言いましたけれど、歴史に限らず、私たちは物語なしに現実というものを認識できない仕組みの中に生きている。そのことからは免れ得ない。物事は物語的でない仕方で「客観的に」認識できる、というふうに思わないほうがいい。物語、ストーリーにしないと現実は認識できない。だから、たえず疑問をもつ必要がある。歴史を扱うときには、問いを立てることがとにかく大事だと、加藤さんも書いてらしたけれど、「こう書いてあるけど本当なのかな?」「根拠はどうなんだろう?」と、そういう初歩のレベルからはじめて、鵜呑みにせず、疑問の歯で対象を嚙み砕いていく必要がある。

加藤　まったく同感です。

不戦条約と軍隊像の転換

奥泉　近代日本にとっての戦争のリアルな意味が明らかになってきましたが、日本の運命を決したのは、やはり満州の権益をめぐる問題ですね。

加藤　まず押さえておかなければならないのは、陸軍の主たる想定敵国はロシア、ソ連でした。対ソ戦を考えてきたということです。『歩兵操典』というマニュアルを見ても、仮想敵はソ連です。そこに、なぜ陸軍がアメリカを敵と認識し始めるのかといえば、まさに朝鮮半島と中国、この東アジアの経済秩序に関して、アメリカが関係を深めるからです。一九二三（大正一二）年の「帝国国防方針[35]」の国際関係の分析では、今後列強の間で闘われる経済戦争は中国で勃発すると予測され、日本と衝突する可能性が最も高い国としてア

(33)　その最良のものとして、中村政則『『坂の上の雲』と司馬史観』（岩波書店、二〇〇九年）、中塚明『司馬遼太郎の歴史観　その「朝鮮観」と「明治栄光論」を問う』（高文研、二〇〇九年）。

(34)　松尾尊兊『中野重治訪問記』（岩波書店、一九九九年）。

メリカが挙げられていました。中国をめぐる日米対立から戦争が起こるとした予測は、太平洋戦争の開戦直前までなされていた日米交渉で最後までもつれたものが、日本軍の中国からの撤兵問題だったことを思う時、正確なものだったといえますね。

奥泉　満州に関しては、のちに「満蒙は日本の生命線」というフレーズが出てきて、たとえば石原莞爾は、満州を工業化して、いずれきたる日米決戦に備えるのだ、という構想をもちますね。しかし満州の現実的な意味はどうだったんでしょうか？　石橋湛山は満州は放棄したほうがよほど得なんだといっている。植民地経営なんてお金ばかりかかってちっとも得にならない、と。放棄して、門戸開放して、貿易したほうがよほどいいのだという意見がその当時もあったわけですよね。実際はどうだったんでしょう？

加藤　それはすごく重要な問いで、石橋湛山といえば『東洋経済新報』ですが、戦時中であっても、この雑誌に対しては発禁処分といったものはなかった。やはり、海外の経済事情についてのこの雑誌の知見は無視できない。『東洋経済新報』に掲載されている広告は立派なものです。財閥系の銀行の広告がずらりと載っている。金融資本と既成政党と宮中側近を打倒すべき対象として、昭和戦前期にテロやクーデターを計画する側からすれば、この雑誌は既成勢力の側だったのでしょう。満州放棄論については、実際の貿易額ということでは、中国本土全体を相手にした方が日本の輸出額は高くなります。中国に怨みを買って満州国を樹立しても、輸出額としては僅少なものでしょう。しかし、日露戦争の際に満州で犠牲となった英霊二〇万人と戦費一〇億をどうしてくれる、という歴史の話になってしまって、合理では国民は説得されにくいのです。

奥泉　なるほど、ここでも物語が作動してくるわけですね。物語は合理－非合理を超えて力を発揮する。英霊――死者をめぐる物語はとりわけ強い力をもちますから。経済合理性では太刀打ちできない。しかし一方では、ベルサイユ条約後の、ポスト第一次世界大戦の状況が日本の政策決定に大きく影を落とすことになるわけですよね。非常に単純化していうと、第一次世界大戦後のベルサイユ体制下では、戦争はしちゃいけないことになった。逆にいうと、それ以前は主権国家は戦争をしてよかった。これは世界史的に見れば大きな進歩といって過言ではないし、まさに画期的です。戦争はしてはいけない、平和的な手段をもって紛争は解決すべきであるという合意ができたのは、正しい方向性であったわけですよね。

加藤　そうです。不戦条約とは正式名称、戦争抛棄に関する条約[36]です。一九二八（昭和

（35）「帝国国防方針」「JACAR（アジア歴史資料センター）Ref.C14061002700、帝国国防方針大12（防衛省防衛研究所）」

三）年八月二七日にパリで調印され、翌年七月に公布されます。基本的な条文は二条。第一条の骨子は、国際紛争解決のための戦争は禁止、政策の手段としての戦争を拋棄するというものでした。第二条の骨子は、締約国は紛争が起きたときは、平和的手段によって解決するというものです。ただ、条約を締結した各国にとっては、条約が成立したからといって、自国領土の防衛に限らず、在外自国民保護のためになされる軍事行動などは、以前と同様に行えると考えていた。この条約を締結した時の内閣は、陸軍大将の田中義一が総裁時代の政友会単独内閣でした。乗る意味があったのですね。なぜなら五大国というふうに国際連盟ではある種特別な地位を得たし、あとは軍縮ということで、重化学工業国としての成長を可能とする軍事費削減ができたわけです。

奥泉　だけど軍はその方向に乗っていけなかった。外交に関しても、外務省とはべつに軍部が独自のルートを作って、二重外交を繰り広げていく。

加藤　ベルサイユ・ワシントン体制、国際連盟の成立によって、植民地というものは形式的には否定される。各国の帝国主義外交に歯止めがかかっただけに、もったいないですね。先にも申し上げましたが、一九三〇（昭和五）年のロンドン海軍軍縮条約が分岐点になりましょうか。海軍側も条約派と艦隊派といったように、対英米外交方針が変化してきます。

奥泉　このあたりからいわゆる軍部の独走が明瞭になる。その心理的原因の一つとしてよくいわれるのは、軍縮の時代に軍人が日本社会のなかで馬鹿にされた反動だというものです。この説明はどうなんですかね。

加藤　そのトラウマ自体はたしかにあったとは思います。ただ、軍人の抱く主観的な危機意識というものは、対外的な危機に対応する役目を負っているという意識とともに、国内の平和を確保するという意識もある。政党内閣が金権選挙で腐敗した政治を行い、財閥の利益が優先されて、社稷《しゃしょく》がないがしろにされている、という危機意識を軍人が持ってしまう。対英米七割を確保しなければならない補助艦の比率が十分に認められていないのに、民政党内閣がロンドン海軍軍縮条約を結んでしまう、これは統帥権干犯だというわけです。国家を守るということは、対外的に守るのだけではなく、対内的にも守るのが軍だという自己規定があったと思います。

奥泉　国家の存立を対内的にも守護するのだ、と考えた。

加藤　そうだと思います。

奥泉　とくに陸軍はある時期から、国民統合の中核になるのだとの自負、というか野心がでてきますよね。

(36)　外務省編『日本外交年表並主要文書』下巻（原書房、一九六六年）一二〇〜一二一頁。

加藤　帝国議会で二大政党が政争を展開しているような政党政治は駄目だと、非常に短絡的な見方をします。これは、世界恐慌などの経済不況やそれに伴う人心の悪化もあり、国内をまとめるためのクーデターやテロを青年将校が企図するようになります。その際、農民、議会の合法無産政党、学生、大本教などの宗教勢力など、右から左までのウイングを広げた状態でのクーデターを考えますね。一九三一（昭和六）年、宇垣一成陸相を首班に想定したクーデターである三月事件などは、このような、既成勢力を打破する革新勢力の結集といった考え方でした。その核を軍が形成してゆく。

奥泉　明治初期に構想された近代的軍隊像から、ずいぶん遠くまできてしまいましたね。

加藤　「政治に拘わらず」という軍人勅諭の意味が、決定的に変化した。軍は政治に干与するが、政治の側は軍に干与するなという意味となる。コペルニクス的な転換じゃないですか。

奥泉　それはだいたい満州事変前後ですね。

加藤　そう思います。

リットン報告書を拒絶、そして満州事変へ

奥泉　満州事変の前年にロンドン海軍軍縮条約の調印が行われます。このロンドン会議の

交渉は非常に冷静にやっていますよね、当然ながら。まあこれが普通ですよね。厳しい交渉ではあるんだけれども、なんとかまとめたし、結果として日本にとって損ではない。むしろ得であるというふうに冷静に見れば捉えられるはずです。

加藤　そうですね。本来の考え方はそうです。経済不況下で、日本自身、要求した比率では到底、建艦はできない経済力なのです。巡洋艦などの補助艦の保有量について、時の民政党単独内閣であった浜口雄幸内閣は、対英米七割要求を貫徹できないまま[37]、英米両国との協調関係を保つため、条約調印に踏み切った。当時の日本の経済力を考えれば、浜口内閣の選択は妥当なものであり、海軍軍令部の主張していた三大要求は事実上充足されるような妥協も日米間でなされていた。しかし、国民世論はそのようには受け止めず、国論を二分する対立が起きていました。

奥泉　この条約は海軍軍令部の承認を得ておらず、統帥権の干犯であると激しい非難にさらされ、ときの浜口雄幸首相が右翼青年に狙撃される事件も起こります。この一九三〇年、

(37)　海軍軍令部が会議前に三大原則として要求していたのは、①補助艦の総括比率は対米七割、②大型巡洋艦（排水量一万トン以下、八インチ砲搭載）保有量は対米七割、③潜水艦は現有勢力維持（保有量七万八千トン）の三項目。

満州事変の起こった三一年前後に転換点がある。日本の軍のシステムに潜在していた問題性が一気に顕在化するというふうに言っていいでしょうね。

加藤 しかも、条約反対派の海軍軍令部長・加藤寛治に、東郷平八郎という日露戦争戦勝をもたらしたと多くの人が信じるカリスマがお墨付きを与えてしまう。これは罪が重いです。

奥泉 野党の政友会も、統帥権干犯問題では率先して内閣を攻撃する。いま振り返ると悲しくなりますよね。

加藤 そうですよね。自分の首を絞めるという。

奥泉 後の目から見ると、何やってんだと、どうしても言いたくなる。

加藤 加藤高明や原敬など、経験も力量も卓越した政党政治家がいる間は、たとえばこれは第一次世界大戦後に講和会議が開かれる頃などでしたが、野党が与党を外交問題で批判することは自制するといった了解がありました。なんといっても、藩閥・軍閥の親玉である山県有朋と政治的に戦って、後継首班に自分の名前を挙げさせた原の手腕は並大抵ではない。しかし、時代は下って、普選と慣習的二大政党制の時期になりますと、後継首班奏薦権は、元老とはいっても政友会の第二代総裁であった西園寺公望が務める。宮中には牧野伸顕内大臣などがそれに呼応する。山県時代とは違います。政党にとっても、政権交代は選挙による勝敗の結果生ずるのではなく、対立する相手与党の失策を衝けばよいことになってくる。きわめて次元の低い既成政党同士の泥仕合に見えてしまうのです。

奥泉　やっぱりポイントは満州事変ですね。ここで大きく日本は変わった。『新聞と戦争』（二〇〇八年）という、朝日新聞が戦前戦中の報道を自己検証した資料を読むと、ここで論調を完全に変えたことがわかります。それまではむしろ軍縮に賛成しているし、ロンドン軍縮会議も高く評価していた。が、満州事変からはほぼ軍部の報道機関になってしまったと自ら書いていますね。批評性、批判性を一切失ってしまう。もちろん軍による統制もあったけれど……

加藤　メディア自身が前のめりに。

奥泉　ええ、統制だけではない。抵抗して別の論陣を張り続けた新聞もあったわけですからね。

加藤　在郷軍人会などが組織する不買は、新聞社にとっては実際に怖かったでしょうね。

奥泉　逆に日中戦争期には新聞は販売部数が圧倒的に伸びるんですよね。その理由の一つは、戦地の情報が載っていること。

加藤　地元の部隊がどうかという……

奥泉　郷土部隊がどこでどうしているかという報道が大きな関心事になるのですね。このような状況なので、リットン報告書(38)を冷静に受け止めるということはもうありえないですよね。いまの目で見ると、リットン報告書でいいじゃないと思うけどね。

加藤 そうですね。リットン報告書については、事前になされた新聞報道が、日本側に有利な報告に違いないとの予測を流しており、報告書が一九三二(昭和七)年一〇月一日に国際連盟理事会に提出され、同二日にジュネーブ・北京・東京で公表されると、国民の失望は逆に大きなものになりました。リットン報告書が下した結論は、次の三つです。第一に、一九三一年九月一八日の夜の日本軍の軍事行動は、合法的な自衛の措置とは認められないということ。第二に、新「国家」なるものは、住民の独立に対する自然の要求から生まれたものではない、純粋なる民族自決の例ではないということ。第三に、中国側は、この地域の地域における日本の経済上の利益を満足させるべきこと、また日本側は、この地域が「改変すべからざる中国的特性」をもつことを認めるべきこと。

日本軍の行動は自衛ではなく、「満州国」は民族自決主義によって建国されたものではないとの結論は、日本側にとって衝撃だったとは思います。しかし、報告書は第一章で「日本は本章に於いて記述せられたる無法律状態に依り他の何れの国よりも一層多く苦しみたり」と書き、第二章で「満洲重要物資の管理権を取得することに依り当局は〔張学良政権は〕外国の豆類買入業者、就中日本人に対し高価買入を余儀なからしめ以て其の収入を増大せんと欲した」と書いて張の悪政を認め、第七章では、ボイコットが合法的なラインで行われているとの中国側参与員の主張もあるが「本委員会の有する証拠はこれを支持しない」と明解に中国側の責任としていました。第九章と第一〇章に示された解決の原則のうち、①日本人に十分な割合を配慮した外国人顧問の配置、②日中鉄道の合弁、③対日ボイコットの永久停止、④日本人居住権・商租権の全満州への拡張などは日本側に有利な条項でした。

奥泉　しかしもうこの段階では受け入れは無理ですよね。リットンの描く筋書きとは全然違う物語のなかに日本はのみ込まれていた。

加藤　そうなんですよね。事件が起きたのは一九三一年九月で、この報告書がまとめられたのが一年後の三二年一〇月だった。日本側としては、「建国」の既成事実を作るという方向を、三二年八月の「満州国」建国の承認という形で、犬養毅首相が五月に暗殺された後の斎藤実内閣の時に行ってしまっていた。

奥泉　これはマスコミの問題でもあるし、日本の社会構造の問題だとも思います。エリートと民衆、そのあいだにある「中間層」、日本国民を三層にわけて考えたとき、政治化し

(38)　前掲『日本外交年表並主要文書』下巻、二二三〜二三六頁。

ていく軍のいちばんの反響板になったのは、おそらく「中間層」でしょう。「中間層」の抱き描く物語が国家の政策決定に大きな意味をたえずもつ。そのとき、言葉をもたない——というのは比喩的な言い方にすぎませんが——民衆がどうなのか、というのは難しい問題なんですが。リットン報告書を受け入れることは絶対に不可能だったとはいえないのかもしれませんが、それを実行するにはものすごく強い政治力が必要だったんだろうなと想像しますね。

加藤　山県有朋のような、文武に力をもてる人が天皇の傍にいるというような段階ではなくなっていますからね。最後の元老西園寺も、傑出した知識人であり国際人でしたが、やはり文のトップなのです。武のトップがいないというのは致命的だったのではないでしょうか。

奥泉　なるほど。先ほど不戦条約に触れましたが、要するに戦争をしちゃいけないという国際環境が与えられた。日本を取り巻く国際環境が大きく第一次世界大戦で変わった。しかしそれにうまく対処できなかったのが、西欧に遅れて近代化した、後発資本主義国である日本という国で、だから軍部の夜郎自大な独走に対して誰も抵抗できなかった。あるいは、むしろ人々が軍部を大きなエネルギーで後押しした。このイメージは大筋としては正しいのではないかと思います。しかし、これももちろん一つの物語であって、国際環境の中で日本がどのように身を処していくべきかについて、時代の限界のなかで、さまざまに努力をした人たちはいた。大筋の物語からはこぼれてしまうのかもしれない、彼らの営為や言葉は、いまを生きるわれわれにとってしかし決して無意味ではない。その事実も念頭におかなければいけないですね。

史料① 「軍人勅諭」

勅　諭　十五年一月四日

我国《わがくに》の軍隊《ぐんたい》は、世々《よゝ》天皇《てんわう》の統率《とうそつ》し給《たま》ふ所《ところ》にぞある。昔神武《むかしじんむ》天皇躬《み》づから大伴物部《おほとものゝべ》の兵《つはもの》どもを率《ひき》ゐ、中国《なかつくに》のまつろはぬものどもを討《う》ち平《たひら》げ給ひ、高御座《たかみくら》に即《つ》かせられて、天下《あめのした》しろしめし給ひしより、二千五百有余年《いうよねん》を経《へ》ぬ。此間《このあひだ》世の様《さま》の移《うつ》り換《かは》るに随《したが》ひて、兵制《へいせい》の沿革《えんかく》も亦《また》屢《しばしば》なりき。古《いにしへ》は天皇躬づから軍隊を率ゐ給ふ御《おん》制《おきて》にて、時《とき》ありては皇后皇太子《くわうごうくわうたいし》の代《かは》らせ給ふこともありつれど、大凡兵権《おほよそへいけん》を臣下《しんか》に委《ゆだ》ね給ふことはなかりき。中世《なかつよ》に至《いた》りて、文武《ぶんぶ》の制度《せいど》皆唐国風《みなからくにぶり》に傚《なら》はせ給ひ、六衛府《ろくゑふ》を置《お》き、左右馬寮《さうめりやう》を建《た》て、防人《さきもり》など設《まう》けられしかば、兵制は整《とゝの》ひたれども、打続《うちつゞ》ける昇平《しょうへい》に狃《な》れて、朝廷《てうてい》の政務《せいむ》も漸《やうや》く文弱《ぶんじやく》に流《なが》れければ、兵農《へいのう》おのづから二《ふたつ》に分《わか》れ、古の徴兵《ちょうへい》はいつとなく壮兵《さうへい》の姿《すがた》に変《かは》り、遂《つひ》に武士《ぶし》となり、兵馬《へいば》の権は、一向《ひたすら》に其《その》武士どもの棟梁《とうりやう》たる者《もの》に帰《き》し、世の乱《みだれ》と共《とも》に政治《せいぢ》の大権《たいけん》も亦其手《て》に落《お》ち、凡《およそ》七百年の間武家《ぶけ》の政治とはなりぬ。世の様の移り換りて斯なれるは、人力《ひとのちから》もて換回《ひきかへ》すべきにあらずとはいひながら、且《かつ》は我国体《こくたい》に戻《もと》り、且は我祖宗《そそう》の御制に背《そむ》き奉《たてまつ》り、浅間《あさま》しき次第《しだい》なりき。降《くだ》りて弘化嘉永《こうくわかえい》の頃《ころ》より、徳川《とくがは》の幕府《ばくふ》其政《まつりごと》衰《おとろ》へ、剰《あまつさへ》外国《ぐわいこく》の事《こと》ども起《おこ》りて、其侮《あなどり》をも受《う》けぬべき勢《いきほひ》に迫《せま》りければ、朕《ちん》が皇祖《おほぢのみこと》仁孝《にんかう》天皇、皇考《ちゝのみこと》孝明《かうめい》天皇、いたく宸襟《しんきん》を悩《なや》し給ひしこそ、忝《かたじけな》くも又惶《かしこ》けれ。然《しか》るに、朕幼《いとけな》くして天津日嗣《あまつひつぎ》を受けし初《はじめ》、征夷大将軍《せいいたいしやうぐん》其政権を返上《へんじやう》し、大名小名《だいみやうせうみやう》其版籍《はんせき》を奉還《ほうくわん》し、年《とし》を経ずして海内一統《かいだいいつとう》の世となり、古の制度に復《ふく》しぬ。是《これ》文武《ぶんぶ》の忠臣良弼《ちゆうしんりやうひつ》ありて、朕を輔翼《ほよく》せる功績《いさを》なり。歴世《れきせい》祖宗の専蒼生《もはらさうせい》を憐《あはれ》み給ひし御遺沢《ごゐたく》なりといへども、併《しかしながら》我臣民の其心《こゝろ》に順逆《じゆんぎやく》の理《ことわり》を弁《わきま》へ、大義《たいぎ》の重《おも》きを知《し》れるが故《ゆゑ》にこそあれ。されば此時に於《おい》て、兵制を更《あらた》め我国の光《ひかり》を耀《かゞや》さんと思《おも》ひ、此十五年が程《ほど》に、陸海軍《りくかいぐん》の制をば、今《いま》の様に建定《たてさだ》めぬ。夫《それ》兵馬の大権は、朕が統《す》ぶる所なれば、其司々《つかさ〴〵》をこそ臣下には任《まか》すなれ、其大綱《たいかう》は朕親《みづから》之《これ》を攬《と》り、肯《あへ》て臣下に委ぬべきものにあらず。子々孫々《しゝそん〴〵》に至るまで篤《あつ》く斯旨《このむね》を伝《つた》へ、天子《てんし》は文武の大権を掌握《しやうあく》するの義《ぎ》を存《ぞん》して、再中世《ふたゝびちゆうせい》以降《いかう》の如《ごと》き失体《しつたい》なからんことを望《のぞ》むなり。朕は汝等軍人《なんじらぐんじん》の大元帥《たいげんすい》なるぞ。されば朕は汝等を股肱《ここう》と頼《たの》み、汝等は朕を頭首《とうしゆ》と仰《あふ》ぎてぞ、其親《したしみ》は特に深《ふか》かるべき。朕が国家《こくか》を保護《はうご》して、上天《しやうてん》の恵《めぐみ》に応《おう》じ祖宗の恩《おん》に報《むく》いまゐらする事を得《う》るも得《え》ざるも、汝等軍人が其職《しよく》を尽《つく》すと尽さゞるとに由《よ》るぞかし。我国の稜威《みいづ》振《ふる》はざることあらば、汝等能《よ》く朕と其憂《うれひ》を共にせよ。我武《ぶ》維《これ》揚《あが》りて其栄《えい》を耀さば、朕汝等と其誉《ほまれ》を偕《とも》にすべし。汝等皆其職を守《まも》り、朕と一心《ひとつこゝろ》になりて力《ちから》を国家の保護に尽さば、我国の蒼生は永《なが》く太平《たいへい》の福《さいはひ》を受け、我国の威烈《ゐれつ》は大《おほひ》に世界《せかい》の光華《くわうくわ》ともなりぬべし。朕斯《かく》も深く汝等軍人に望《のぞ》むなれば、猶《なほ》訓諭《をしへさと》すべき事こそあれ。いでや之を左《さ》に述《の》べむ。

一、軍人は忠節《ちゆうせつ》を尽すを本分《ほんぶん》とすべし。凡《およそ》生《せい》を我国に稟《う》くるもの、誰《たれ》かは国に報ゆるの心なかるべき。況《ま》して軍人たらん者は、此心の固《かた》からでは物《もの》の用《よう》に立《た》ち得《う》べしとも思はれず。軍人にして報国《はうこく》の心堅固《けんご》ならざるは、如何《いか》程《ほど》技芸《ぎげい》に熟《じゆく》し学術《がくじゆつ》に長《ちやう》ずるも、猶偶人《ぐうじん》にひとしかるべし。其隊伍《たいご》も整《とゝの》ひ節制《せつせい》も正《たゞ》しくとも、忠節を存せざる軍隊は、事に臨《のぞ》みて烏合《うがふ》の衆《しゆう》に同《おな》じかるべし。抑《そも〳〵》国家を保護し国権を維持《ゆゐぢ》するは兵力《へいりよく》に在《あ》れば、兵力の消長《せうちやう》は是国運《こくうん》の盛衰《せいすい》なることを弁へ、世《せい》論《ろん》に惑《まど》はず政治に拘《かゝは》らず、只々《たゞ〳〵》一途《いちづ》に己《おのれ》が本分の忠節を守り、義《ぎ》は山嶽《さんがく》よりも重《おも》く、死《し》は鴻毛《こうもう》よりも軽《かろ》しと覚悟《かくご》せよ。其操《みさを》を破《やぶ》りて不覚《ふかく》を取《と》り、汚名《をめい》を受くるなかれ。

一、軍人は礼儀《れいぎ》を正くすべし。凡《およそ》軍人には、上元帥《かみげんすゐ》より下一卒《しもいつそつ》に至《いた》るまで、其間に官職《くわんしよく》の階級《かいきふ》ありて統属《とうぞく》するのみならず、同列同級《どうれつどうきふ》とても停年《ていねん》に新旧《しんきう》あれば、新任の者は旧任のものに服従《ふくじう》すべきものぞ。下級《かきふ》のものは上官《じやうくわん》の命《めい》を承《うけたまは》ること、実《じつ》は直《たゞち》に朕が命を承る義なりと心得よ。己が隷属《れいぞく》する所にあらずとも、上級の者は勿論《もちろん》、停年の己より旧《ふる》きものに対《たい》しては、総《すべ》て敬礼《けいれい》を尽すべし。又上級の者は下級のものに向《むか》ひ、聊《いさゝか》も軽侮《けいぶ》驕傲《けうがう》の振舞《ふるまい》あるべからず。公務《こうむ》の為《ため》に威《ゐ》厳《げん》を主《しゆ》とする時は格別《かくべつ》なれども、其外《ほか》は務《つと》めて懇《ねんごろ》に取扱《とりあつか》ひ、慈愛《じあい》を専一《せんいち》と心掛け、上下一致《しやうかいつち》して王事《わうじ》に勤労《きんろう》せよ。若《もし》軍人たるものにして礼儀を紊《みだ》り、上《かみ》を敬《うやま》はず下《しも》を恵《めぐ》まずして、一致の和諧《くわかい》を失《うしな》ひたらんには、啻《たゞ》に軍隊の蠹毒《とどく》たるのみかは、国家の為にもゆるし難《がた》き罪人《ざいにん》なるべし。

一、軍人は武勇《ぶいゆう》を尚《たふと》ぶべし。夫武勇は、我国にては、古よりいとも貴《たふと》べる所なれば、我国の臣民たらんもの、武勇なくては叶《かな》ふまじ。況して軍人は戦《たゝかひ》に臨み敵《てき》に当《あた》るの職なれば、片時《かたとき》も武勇を忘《わす》れてよかるべきか。さはあれ、武勇には大《たい》勇《いゆう》あり小勇《せういゆう》ありて同からず。血気《けつき》にはやり粗暴《そばう》の振舞などせんは、武勇とは謂《い》ひ難《がた》し。軍人たらむものは、常《つね》に能《よ》く義理《ぎり》を弁へ、能く胆力《たんりよく》を練《ね》り、思慮《しりよ》を殫《つく》して事を謀《はか》るべし。小敵《せうてき》たりとも侮《あなど》らず、大敵《たいてき》たりとも懼《おそ》れず、己が武職を尽さむこそ、誠《まこと》の大勇にはあれ、されば武勇を尚ぶものは、常々人に接《まじは》るには温《おん》和《くわ》を第一《だいいち》とし、諸人《しよにん》の愛敬《あいけい》を得むと心掛けよ。由《よし》なき勇を好みて猛威《まうゐ》を振《ふる》ひたらば、果《はて》は世人《よのひと》も忌嫌《いみきら》ひて、豺狼《さいらう》などの如く思ひなむ。心すべきことにこそ。

一、軍人は信義を重《おも》んずべし。凡《およそ》信義を守ること常の道《みち》にはあれど、わきて軍人は、信義なくては一日《いちじつ》も隊伍《たいご》の中《うち》に交《まじ》りてあらんこと難かるべし。信とは己が言《こと》を践行《ふみおこな》ひ、義とは己が分《ぶん》を尽すをいふなり。されば信義を尽さむと思はゞ、始《はじめ》より其事の成し得べきか得べからざるかを審《つまびらか》に思考《しかう》すべし。朧気《おぼろけ》なる事を仮初《かりそめ》に諾《うべな》ひて、よしなき関係《くわんけい》を結《むす》び、後《のち》に至りて信義を立てんとすれば、進退《しんたい》谷《きはま》りて身《み》の措《お》き所に苦《くるし》むことあり。悔《く》ゆとも其詮《せん》なし。始に能々《よく〱》事の順逆を弁へ、理非《りひ》を考《かんが》へ、其言は所詮践《しよせんふ》むべからずと知《し》り、其義はとても守るべからずと悟《さと》りなば、速《すみやか》に止《とゞま》るこそよけれ。古より或《ある》は小節《せうせつ》の信義を立てんとて、大綱の順逆を誤《あやま》り、或は公道《こうだう》の理非に踏迷《ふみまよ》ひて、私情《しじやう》の信義を守り、あたら英雄豪傑《えいいうがうけつ》どもが、禍《わざはひ》に遭《あ》ひ身を滅《ほろぼ》し、屍《かばね》の上《うへ》の汚名《をめい》を後世《のちのよ》まで遺《のこ》せること、其例《ためし》尠《すくな》からぬものを、深く警《いまし》めてやはあるべき。

一、軍人は質素《しつそ》を旨《むね》とすべし。凡《およそ》質素を旨とせざれば、文弱に流れ軽薄《けいはく》に趨《はし》り、驕奢華靡《けうしやくわひ》の風《ふう》を好み、遂には貪汚《たんを》に陥《おちい》りて、志《こゝろざし》も無下《むげ》に賤《いやし》くなり、節操《せつさう》も武勇も其甲斐《かひ》なく、世人に爪《つま》はじきせらるゝ迄《まで》に至りぬべし。其身生涯《しやうがい》の不幸《ふかう》なりといふも中々《なか〱》愚《おろか》なり。此風《このふう》一《ひと》たび軍人の間に起りては、彼《か》の伝染病《でんせんびやう》の如く蔓延《まんえん》し、士風《しふう》も兵気《へいき》も頓《とみ》に衰《おとろ》へぬべきこと明《あきらか》なり。朕深く之を懼れて、曩《さき》に免《めん》黜条例《ちゆつでうれい》を施行《しかう》し、略《ほゞ》此事を誡め置きつれど、猶も其悪習《あくしふ》の出《いで》んことを憂《うれ》ひて心安《こゝろやす》からねば、故《ことさら》に又之《これ》を訓《をし》ふるぞかし。汝《いまし》等軍人、ゆめ此訓誡《をしへ》を等閑《なほざり》にな思ひそ。

右《みぎ》の五《ご》ケ条《でう》は、軍人たらんもの暫《しばし》も忽《ゆるかせ》にすべからず。さて之を行《おこな》はんには、一《ひとつ》の誠心《まごゝろ》こそ大切《たいせつ》なれ。抑《そもく》此五ケ条は我軍人の精神《せいしん》にして、一の誠心は又五ケ条の精神なり。心誠《まこと》ならざれば、如何《いか》なる嘉言《かげん》も善行《ぜんかう》も、皆うはべの装飾《かざり》にて、何《なに》の用《いよう》にかは立つべき。心だに誠あれば、何事も成るものぞかし。況してや此五ケ条は、天地の公道人倫《じんりん》の常経《じやうけい》なり。行ひ易《やす》く守り易し。汝等軍人能く朕が訓《をしへ》に遵《したが》ひて、此道を守り行ひ、国に報ゆるの務《つとめ》を尽さば、日本国《にほんこく》の蒼生挙《こぞ》りて之を悦《よろこ》びなん。朕一人《いちにん》の懌《よろこび》のみならんや。

明治十五年一月四日

御名

史料②「教育勅語」

朕惟《ちんおもう》フニ、我カ《わが》皇祖皇宗《こうそこうそう》、国《くに》ヲ肇《はじ》ムルコト宏遠《こうえん》ニ、徳《とく》ヲ樹《た》ツルコト深厚《しんこう》ナリ。我《わ》カ臣民《がしんみん》、克《よ》ク忠《ちゅう》ニ克《よ》ク孝《こう》ニ、億兆心《おくちょうこころ》ヲ一《いつ》ニシテ、世世厥《よよそ》ノ美《び》ヲ済《な》セルハ、此《こ》レ我《わ》カ国体《がこくたい》ノ精華《せいか》ニシテ、教育《きょういく》ノ淵源亦実《えんげんまたじつ》ニ此《ここ》ニ存《そん》ス。爾臣民《なんじしんみん》、父母《ふぼ》ニ孝《こう》ニ、兄弟《けいてい》ニ友《ゆう》ニ、夫婦相和《ふうふあいわ》シ、朋友相信《ほうゆうあいしんじ》シ、恭倹己《きょうけんおの》レヲ持《じ》シ、博愛衆《はくあいしゅう》ニ及《およぼ》ホシ、学《がく》ヲ修《おさ》メ業《ぎょう》ヲ習《ならい》ヒ、以《もっ》テ智能《ちのう》ヲ啓発《けいはつ》シ徳器《とっき》ヲ成就《じょうじゅ》シ、進《すすんで》テ公益《こうえき》ヲ広メ世務《せいむ》ヲ開《ひら》キ、常《つね》ニ国憲《こっけん》ヲ重《おもんじ》シ国法《こくほう》ニ遵《したがい》ヒ、一旦緩急《いったんかんきゅう》アレハ義勇公《ぎゆうこう》ニ奉《ほうじ》シ、以《もっ》テ天壌無窮《てんじょうむきゅう》ノ皇運《こううん》ヲ扶翼《ふよく》スヘ《べ》シ。是《かく》ノ如《ごと》キハ、独《ひと》リ朕カ《ちんが》 忠良《ちゅうりょう》ノ臣民《しんみん》タルノミナラス《ず》、又以《またもっ》テ爾祖先《なんじそせん》ノ遺風《いふう》ヲ顕彰《けんしょう》スルニ足《た》ラン。

斯《こ》ノ道《みち》ハ、実《じつ》ニ我カ《わが》皇祖皇宗《こうそこうそう》ノ遺訓《いくん》ニシテ、子孫臣民《しそんしんみん》ノ倶《とも》ニ遵守《じゅんしゅ》スヘ《べ》キ所《ところ》、之《これ》ヲ古今《ここん》ニ通《つうじ》シテ謬《あやま》ラス《ず》、之《これ》ヲ中外《ちゅうがい》ニ施《ほどこ》シテ悖《もと》ラス《ず》。朕爾《ちんなんじ》 臣民《しんみん》ト倶《とも》ニ拳拳服膺《けんけんふくよう》シテ、咸其徳《みなそのとく》ヲ一《いつ》ニセンコトヲ庶幾《こいねが》フ。

明治二十三年十月三十日

御名御璽

Ⅱ

なぜ始めたのか、なぜ止められなかったのか

奥泉　少しまとめます。日本はなぜあのような戦争をしてしまったのか。この問いにはいくつかポイントがあります。一つは、米英との戦争になぜ突入していったのか。その局面です。もう一つは、敗戦が明らかになった段階で、なぜ戦争をやめることができなかったかという点。これも非常に大きな問題としてわれわれの前にあります。さらに遡って、その前提となった中国との戦争はなぜ起こらざるをえなかったのかの問い。ここからはそのあたりを中心にお話をうかがっていきたい。

戦後まもない頃は、ＧＨＱの誘導もあって、狂信的な軍部が日本を引っ張ってこういうことになっちゃったんだという説明がなされた。実際はそれで済むことではないわけですが、しかしどうしてもわれわれはわかりやすい物語のなかで物事を理解したいという欲望があるんですね。それが陰謀論の土壌にもなる。誰か悪い奴が厄災を引き起こしたんだということにしたくなる。単純な物語の枠にはめこんで歴史を描きたくなる。実際、物語なしに歴史を認識することは難しい。しかし、であるがゆえにこそ、われわれは物語の誘惑から逃れて、粘り強く、出来事に向かい合っていくしかない。アジア・太平洋戦争をめぐる諸問題は、戦後繰り返し問われてきた事柄ですが、それでもまだ議論は尽くされていないと感じます。

加藤　粘り強く、考えながら歴史を見てゆくことは本当に大事ですね。

奥泉　「満蒙はわが国の生命線」というフレーズがありますが、まずはここからうかがっていこうと思います。

日露戦争では、日本にとっての利益線である朝鮮半島がきわめて重要で、それが戦争の原因になった、というお話を前回うかがいました。その論理で言うと、満蒙はそれほど重要ではないとなってもおかしくない。にもかかわらず日本は満州にこだわった。昭和になって、「満州国」をつくり、そこからさらに華北（河北省、察哈爾《チャハル》省、山東省、山西省、綏遠《すいえん》省）へと支配力を広げていった。そのことが日米戦争にやがてつながっていくわけですけど、なぜあんなに満州にこだわったんでしょうか？

「満蒙」とはどこか

加藤　いきなり、たいへん大きな質問を頂戴してしまいました。答えはちょっと長くなります。まずは「満蒙」（以下、二回目以降はカギ括弧をはずします）という、当時の日本で用いられていた地域名についてお話しします。「満州」（同様に、以下、二回目以降はカギ括弧をはずします）は、現在の中国東北部、当時の遼寧省、吉林省、黒龍江省を指しますが、満蒙という用語は、その地域に住む人々による自称ではないという点で満州と同じなのですが、満州と比べると地域概念として満蒙という用語ができたのはずっと遅かったのです。

満蒙は漢字から類推しますと、満州＋蒙古のことかと直感的に思いますね。でもこれは正確ではありません。やはり前提となる歴史的経緯の説明が必要です。一九一〇（明治四三）年七月、日本がロシアと結んだ第二回日露協約の附属秘密協定では、北満州をロシア、南満州を日本の勢力範囲としました。ご承知のとおり、日本とロシアはその五年前には戦争していた国同士ですが、戦後のこの頃には、遅れてきた帝国主義国同士として、協調関係にありました[1]。

地図を見ておきましょう。アフリカ再分割の地図を思い出しますが、人為的に設定された直線が地図上に引かれ、太い実線の南側にあたる吉林省・遼寧省の部分が南満州とされます。そして北側はロシアの特殊利益地域とされます。満蒙といった時の「満」にあたる部分は、実はこの第二回日露協約の秘密協定で設定された「南満州」のことなのです。

さらに日本とロシアは、一九一二年七月、西側に位置する内モンゴル（内蒙古）にも日露の勢力範囲を延長して設定するとの内容を持つ第三回日露協約の附属秘密協定を結び、同地域を北京の経度（東経一一六度二七分）で、これもまた人為的に地図上に直線を引き、

（1）　加藤陽子『戦争の日本近現代史』（講談社現代新書、二〇〇二年）二四七頁。

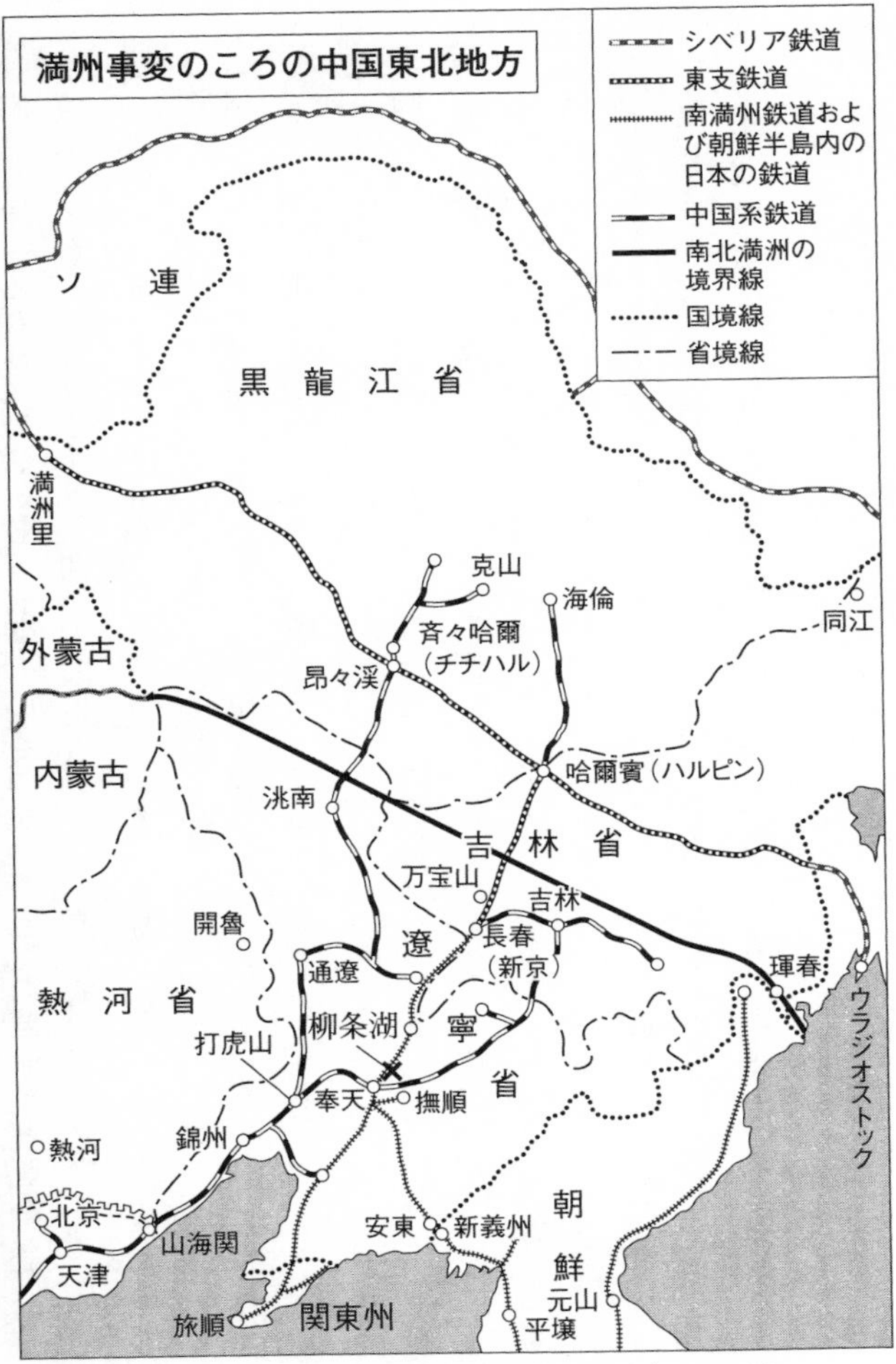

加藤陽子『戦争の日本近現代史』（講談社現代新書、2002 年）p.247 より

東側を東部内蒙古と呼んでそこを日本に、西側をロシアの特殊利益地域としました。当時の日本側がさかんに使った満蒙という用語は、帝国主義的再分割の時代の終了間際、日露が滑り込みで設定した地域概念にほかなりません。以上をまとめますと、満蒙とは、南満州と東部内蒙古を合わせた地域を日本やロシアが名付けた地域概念でした。ですから、日本側の外交記録上で満蒙が登場するのは、第三回日露協約以降の一九一二年、まさに大正初年以降のこととなります。

奥泉　ようするに、ロシアと日本が談合して、勝手に線引きして分割したと。まさに帝国主義時代の列強の典型的なやり方だ。ほどなくそういうのは許されなくなっていくわけで、滑り込みというのは言い得て妙ですね。

加藤　少し前の部分で、山県有朋がシュタインから教わった、主権線・利益線のお話をしました。日本の安全感を考えるとき、本当に重要だったのは朝鮮半島を他国の支配下に置かないという地政学的な考え方でした。この考え方でいえば、日清戦争も日露戦争もともに、朝鮮半島をめぐる戦いであったという意味で連続していたわけです。ですから、日露戦争を後から振り返って、朝鮮をめぐる戦いとしてではなく、満州をめぐる戦いだったと総括されるようになったのはなぜなのか。これは、奥泉さんが疑問に思われたように、本当に大切な問いなのです。[2]

簡単に言ってしまうと、朝鮮半島の中立という線での説明では、日本の援護者であった英米の興味関心を引きにくかったという、非常に功利的な計算によっていたと思います。日露戦争を振り返れば、日本側は外債募集や艦船・武器弾薬購入などの経済的、外交的な便宜を英米から提供されていました。英米をその気にさせるような論理、説得の論理が求められたということでしょう。

日露戦争の開戦直前の時期までドイツに駐在していた、若き日の宇垣一成がこの点に自覚的だったのはさすがだと思います。開戦直前までなされていた日露交渉を外から見ていて宇垣は、「欧洲列国をして日魯〔ロシア〕関係の解決は満洲問題にあらずして朝鮮問題なりとの感」を抱かせるのは、日本外交としてはマズイ、と日記に記していました。(3)

奥泉　つまり日露戦争の真の目的は、利益線である朝鮮半島の保全にあるんだけれども、それでは諸列強に味方してもらえないので、満州を持ち出したというわけですね。

なぜ満州か

加藤　ではなぜ、満州問題なら英米が興味を抱くのかという点についての説明が必要ですね。これは当時、中国を含む東アジアの経済的秩序の問題、すなわち、満州の門戸開放がなされるかどうかという点が注目されていたからでした。満州地域を占領していたロシアが、清国との撤兵協定を無視して居座り続けるのかどうか、ロシアは同地域の貿易を独占し続けるのかどうか。この問題について、日本内部にいた対露強硬派などは意識的に争点化して、実のところは開戦に慎重だった第一次桂太郎内閣を、開戦へ向けて背中を押していました。

ロシアがなぜ満州に居たかといえば、一九〇〇（明治三三）年の北清事件後、義和団の暴徒から自国の権益を守るためと称してロシアは軍隊を同地域に駐屯させていたからです。そして、事件終結後の一九〇二年四月、三回からなる撤兵計画を清国側と約束した満州還附協約を結びます。しかし、同年一〇月の第一次撤兵は実施したものの、一九〇三年四月の第二次撤兵は行われないままの状態が続いていました。

日本国内の対露強硬派らは、中国に駐兵する権利をロシアはもたない、ロシアは条約上、駐兵権をもたないのだといった原則論的な批判を展開したほか、ロシアは占領している満

（2）加藤陽子『天皇と軍隊の近代史』（勁草書房、二〇一九年）第1章「戦争の記憶と国家の位置づけ」。初出は長谷部恭男編『「この国のかたち」を考える』（岩波書店、二〇一四年）所収。
（3）加藤陽子「日露戦争開戦と門戸開放論」『戦争の論理』（勁草書房、二〇〇五年）五八頁。角田順校訂『宇垣一成日記　Ⅰ』（みすず書房、一九六八年）一三三頁。

州を門戸開放すべきだとの主張も展開していました。小川平吉という、立憲政友会の有力議員は、帝国議会で、満州の開放に関して、「アメリカでも、イギリスでも、世界各国が、これに対して賛意を表して(4)」いるのだとし、ロシアの撤兵、満州開放を日露開戦前に要求したのです。

奥泉　満州からのロシアの撤兵と門戸開放ならば、諸列強に利害があって関心がもたれる。日露対立の構図のなかで、日本に味方してもらおうというわけですね。それで人々は満州問題を議会や言論の場でしきりに俎上にあげた、と。

加藤　日露戦争を早く始めるべきだと主張した七博士についてはいたことがありますか。

奥泉　聞いたことはありますが、詳しくは知りません。

加藤　博士らは反戦論ではなく開戦論だったという点がまずは驚きです。一九〇三年六月、東京帝国大学の小野塚喜平次・高橋作衛・戸水寛人らの七博士は、「満州問題に関する七博士の意見書」なるものを桂首相や山県元老などに上申しますが、その内容は、小川と同様、満州問題が解決されるべき理由を法理上から説いたもので、ロシア軍隊の満州地域からの撤兵は義務であるし、また東清鉄道沿線にロシアが置いている守備兵もそもそも条約上の根拠がないから、そこからも撤退すべきだと主張し、満州還附協約の内容などについて論じ立てたものでした。後に、大正デモクラシーの担い手となる吉野作造もまたその若

き日、日露開戦直後に次のような文章を書き、ロシアを文明の敵と名指ししました。(5)

吾人は露国の領土拡張それ自身には反対すべき理由なく、只其《ただその》領土拡張の政策は常に必ず尤も非文明なる外国貿易の排斥を伴《ともな》ふが故に、猛然として自衛の権利を対抗せざるべからざる也。

（吉野作造「征露の目的」）

日露が戦うべき理由として、外国貿易を排斥するロシアによる門戸閉鎖が問題だと述べています。朝鮮半島を他国の影響下に置かない、といった本来の日本の安全感からではなく、満州地域の門戸開放のため、中国の土地をロシアから守るため、といった観点からの戦争の正当化がなされていました。真の戦争目的ではなく、戦費を負担してくれる外国、また戦場となった当の中国に向けた戦争目的が別に用意され、満州の門戸開放が呼号され

（4）「官報号外　明治三十六年六月五日　衆議院議事速記録第十一号」
（5）吉野作造「征露の目的」『新人』（一九〇四年三月号）、『吉野作造選集』第五巻（岩波書店、一九九五年）八頁。

ていきました。

　ただ、正当化の論理はどうであれ、現実の日露戦争は日本側に金銭面でも人的にも大きな犠牲を強いました。このような記憶が、満州事変期に意識的に思い出される、という構図をとりました。人的な犠牲と財政的な損失については、「一〇万の生霊と二〇億の国帑（国庫金）」という、切りの良い言い方となっていきます(6)。

　以上が、満州事変が起きた時に想起された「歴史」でした。

奥泉　なるほどよくわかりました。日露戦争から二五年くらい経って満州事変が起こるわけですが、その頃には、日露戦争のリアルな歴史は忘れられていて、満州解放のために大変な犠牲を払って日本はロシアと戦ったのだという「記憶」だけが残っていた、と。

加藤　はい。対外的な軍事衝突が起これば、事変費という予算がつきます。一九三一（昭和六）年九月から一般会計で陸軍省と外務省所管として満州事変費が計上されています。一九三一年度の決算は五三五六万九千円でしたが、三二年度には海軍省所管の歳出も認められるようになったこともあり、決算は二億七二一三万六千円へと急増します(7)。この潤沢な予算を用いて陸軍は、知識人や教育のある層に向け、多数のパンフレットを刊行し、宣伝活動を行いました。これらの陸軍パンフレットで喧伝されていたのは、中国が条約を守らない国だとの趣旨の批判でした。本来は日露戦争で日本側が獲得した条約上の「権利」

（たとえば、満鉄線と併行した路線を敷設すると満鉄線の営業を阻害するので併行線を敷設してはならないとした条項）を、中国側が守っていないと訴えたのです。[8]

奥泉　今度は満州の領有を狙って、軍事行動を起こすための論理が作られた。

加藤　しかし、これは軍の外部、意識の高い国民、とくに知識人に向けてのアピールでありまして、軍の中枢が考えた、満州事変が起こされなければならない理由は別にありました。この点、日本側は、真の戦争目的と、外部に喧伝する際の戦争目的がズレる国だという点は憶えておいてください。

（6）実際の戦費は約一七億二千万円、戦死者は約一一万八千人。参照、桑田悦・前原透共編著『日本の戦争　図解とデータ』（原書房、一九八二年）。いわゆるリットン調査団を率いたリットンはある講演で、内田康哉外相と交わした最後の会談で内田が、日露戦争での日本側の犠牲者を「二十万の精霊」と表現したと述べていた。参照、太平洋問題調査会『リットン報告書の経緯』（一九三二年）一五頁。

（7）柴田善雅『戦時日本の特別会計』（日本経済評論社、二〇〇二年）五〇頁。

（8）しかし事実は、この併行線禁止の文言は、日本と清国との会議上での発言に過ぎないものであった。参照、加藤陽子『満州事変から日中戦争へ　シリーズ日本近現代史⑤』（岩波新書、二〇〇七年）第四章。

奥泉　そうなんですね。あまり憶えておきたくないいな（笑）。

謀略による満州直接支配へ

加藤　次に示す史料は、一九二八（昭和三）年四月二七日付で、関東軍高級参謀の河本大作が、張作霖を爆殺する一カ月あまり前に、当時の参謀本部第一部長（作戦を担当）・荒木貞夫と、同第二部長（情報を担当）・松井石根に宛てて出した手紙(9)です。重要なポイントだけ説明しながら読んでいきます。表記の一部をわかりやすく変えてあります。

支那の戦局も、最近活気を呈しきたし候えども、いまだ京漢線〔北京と漢口を結ぶ幹線鉄道〕方面の戦況、進捗せざる現況においては、奉張〔奉天軍閥の張作霖〕の没落を予断しがたく、該方面の快報を一日千秋の思をもって翹首《ぎようしゆ》あい待ちおり候。しこうして、奉張の没落は東三省における新政権樹立の動機となり、ひいて満蒙問題の根本的解決を期すべき絶好の機会を与うる次第にして、是非とも、そのところまで時局を導きたく切望まかりあり候。

（「荒木貞夫・松井石根宛、河本大作書簡」）

書かれている内容は次のようなことです。いま、中国で進展しつつある、蔣介石をトップとする国民政府軍による北伐（国家統一のために、張作霖の軍事力に依拠した北京政府に対して戦われた戦争）が、奉天軍閥の決定的敗北にまでいかないまま終わるのは残念であり、とにかく河本としては、奉天派の張作霖の決定的没落を願っている。張が没落すれば中国東北部、すなわち満州における新政権樹立に向けた運動のきっかけともなり、最終的には満蒙問題の抜本的な解決を図る絶好のチャンスともなるので、そのような段階まで進むことを願っている、という内容が書かれています。

奥泉　日本に都合のよい政権を樹立しようというわけですね。

加藤　この手紙が書かれた時点の内閣は、山県有朋、寺内正毅などの長州閥の系統を引く田中義一を首班とする政友会内閣でしたが、従来と同じく張作霖を通じた満蒙支配を考えていた田中首相とは異なり、関東軍の若手幕僚であった河本などが張を見限り、現在進行中の中国内戦を利用し、張の殺害を計画している、大変に物騒な手紙です。引用した部分

（9）「荒木貞夫関係文書」（東京大学法学部附属近代日本法政史料センター原資料部所蔵）、参照、三谷太一郎「一五年戦争下の日本軍隊――「統帥権」の解体過程――（上）」『成蹊法学』五三号（二〇〇一年二月）。

の続きには、「南方派〔国民政府軍〕の宣伝者ならびに代表者等、旅大〔旅順、大連〕の地に多数入り込みありて、彼らの名義をもって事を起こさしむれば、軍部が直接手を下さずとも仕事を為しうべし」とも書かれています。蔣の国民党側の人々の仕業として謀略をしかければ、関東軍が表だって実行しなくても、張打倒は可能だと参謀本部の中枢にいた人々に伝えていたこと、これは衝撃的です。

さらに手紙の後ろの部分には「将来、新政権樹立の際における有利なる空気を作為するためには、言論機関ならびに輿論を指導し、張作霖を排して、日本の意中の人物を拉《らっ》し来るに適応するごとき空気を醞醸《うんじょう》すること緊要」とも書かれています。世論を誘導して、名前を挙げてはいませんが、清朝最後の皇帝で、この時期には退位していた溥儀を新政権のトップに据えるように連れてくるのはどうか、と提案しているのです。

奥泉　謀略でもって満州の直接支配を推し進めようという意思が露骨に示されている。

加藤　そうです。この手紙が書かれた後、実際に関東軍の謀略によって張作霖は一九二八年六月四日に爆殺されました。張が北京から乗り込んだ鉄道車輛を線路の下に仕込んだ大量の火薬を爆破させて吹き飛ばしたのです。このように、満州事変が実際に起きる三年前から、関東軍の幕僚層などは、張作霖を通じた間接的な満州経営ではあきたらず、より直接的な支配を満蒙に敷く計画を立てていました。

奥泉　そうすると、満州に対しては、いわゆる顕教と密教でいうと、顕教の部分と密教の部分では全然違う理解があったと。

加藤　まさに。日本が日露戦争で得た条約上の既得権益を中国側が認めないことは不当だという知識人向けの議論（顕教）と、日ソ戦争を戦いやすくするため、あるいは日米戦争に備えるためという安全保障上の計算からくる全満州の軍事占領の議論（密教）とが、両方あったということですね。

奥泉　河本大作らがそういう発想するということは、植民地として南満州を領有していいのだという感覚が、昭和初期の日本にはあったということですよね。さきほど教えていただいたように、日露戦争が終わった段階、つまり大正初年頃に、日本とロシア／ソ連は満州を分割する秘密協定を結んでいたわけですが、第一次世界大戦があったり、ロシア革命があったりの後も、それがずっと持ち越されていた。国際的な政治環境はヴェルサイユ体制のなかで急速に変化しつつあって、中国大陸でも辛亥革命が起こって清朝が倒れ、中国国民党軍の全国統一がはじまっていた。その頃にもなお、満州に対する植民地支配を正当とする感覚が依然として日本側に抱かれていたということですか。

加藤　そのとおりだと思います。そもそもは一九〇五（明治三八）年の日露戦後の講和条約で認められた日本側の権益、それに加えた、一九〇七年〜一二年の三回にわたる日露協約の附属秘密協定による日露による特殊利益地域の分割の情報などは、為政者や軍の関係者の頭にはインプットされていたことでしょう。ただこのような条約上の権益はともかく、秘密協定による他国の領土の分割といった発想は、一九一二年の中華民国成立、一七年のロシア革命、一九年のパリ講和会議など、国際関係の枠組みの抜本的な変化によって、本来ゼロとなったと考えるのが普通ですね。秘密協定の相手国ロシア帝国が革命で倒れたのですから。

奥泉　普通はそうなりますよね。

加藤　でも、河本らの関東軍の若手幕僚、またおそらく国民の大部分も、血と金であがなった満州の既得権益は譲れない、満蒙が日本の特殊利益地域だとの認識は崩すことはできない、との考え方が染みついていたのだと思います。

奥泉　しがみついたんだな。第一次世界大戦後は、露骨な帝国主義的植民地支配は、少なくともたてまえ上はしにくくなった。しかし日本では、日本に限らないかもしれませんが、植民地支配の感覚が抜けなかった。できるものなら満州を日本が植民地にしてしまいたいとの発想が一貫してあった。そこに血であがなったという歴史認識が加わった、と。それは為政者に限らず、というかむしろ国民大衆に広く共有されていた。

満蒙領有論の挫折

加藤　いちばん急進的で強硬な議論は、満蒙領有論であり、まさに植民地として日本が満蒙を持つという議論です。ついで、少しばかり現実的な議論は、張作霖・学良政権の支配に苦しむ現地の人々が、その圧政から逃れるため、民族自決の考えで「独立」したのだ、といって正当化を図る独立国家論でした。たしかに、アメリカのウィルソン大統領は第一次世界大戦の講和会議の準備中に、民族自決という議論を唱えていました。この言葉の内容ではなく言葉だけ借用し、東北三省の人々による民族自決、という議論を展開させました。

奥泉　さすがにその時代、単純な領有は無理なんですね。民族自決の理念を利用して工作しなければならない。

加藤　そのとおりです。そこで、満州事変というかたちでの軍事作戦によって、一挙に全満州を占領してしまおうと計画したことで有名な石原莞爾の構想を見ておきましょう。石原は満蒙領有論に立って、作戦を立てていました。一九二八（昭和三）年一月一九日、当時は陸軍大学教官だった石原が、木曜会(10)という佐官級の会合で「我が国防方針」という報告を行っています(11)。この時に出席していたのは、後に歴史的に名前を残す人々も多く、たとえば、永田鉄山〔満州事変時の陸軍省軍事課長〕、東条英機〔同じく参謀本部編制動員課長〕、岡村寧次〔同じく陸軍省人事局補任課長〕などがいました。

この報告の後、石原は同年一〇月、関東軍の作戦主任参謀として満州に渡り、計画実行の準備にあたっていきます。[12]石原の案は、日本側が南満州に加えて北満州まで、すなわち東北四省（黒龍江省、吉林省、遼寧省、熱河省）全部を軍事占領してしまうことで、それまでソ連（北満州）と日本（南満州）との勢力範囲を画していた境界線を一挙に実際の中ソ国境線まで押し上げ、北は小興安嶺山脈という天然の要害と黒龍江で、西は大興安嶺を利用し、実際上の防衛ラインを短縮させるというプランです。

「日米が両横綱となり、末輩これに従い、航空機をもって勝敗を一挙に決するときが世界最後の戦争」だという広大な理想のもとに、「日本内地よりも一厘も金を出させないという方針の下に戦争せざるべからず。対露〔ソ連〕作戦のためには、数師団にて十分なり。全支那を根拠として遺憾なく之を利用せば、二〇年でも三〇年でも戦争を継続することを得」といった、現在の視点から見れば荒唐無稽なプランに見えますが、ソ連はいまだ革命後で日が浅く、赤軍もいまだ弱体であり、北満から撤退しているので怖れるに足りない、との見立てでした。満州事変を実際に起こすまでの計画段階では、石原などは満蒙領有論者でした。

奥泉　満蒙分割の秘密協定の相手だったロシアはもうない。だったら遠慮はいらない。ソ連もまだ弱体だし、と。

加藤　一九三一（昭和六）年五月、満州事変四カ月前の段階の石原の「満蒙問題私見[13]」中に出てくる考え方を引用しておきます。

満蒙の価値〔前略〕我国は、北、露国〔ソ連〕の侵入に対するとともに、南、米英の海軍力に対せざるべからず。〔中略〕我国にして完全に北満地方をその勢力下に置くにおいては、露国の東進はきわめて困難となり、満蒙の力のみをもってこれを拒止すること困難ならず。すなわち我国はここに初めて北方に対する負担より免れ、その国

(10)　木曜会は、一九二七年一一月、当時、参謀本部作戦課員だった鈴木貞一と同要塞課員だった深山亀三郎が作った研究会に、二葉会（陸軍士官学校十六期の永田鉄山、小畑敏四郎、岡村寧次らが中心となり、反長州閥の方向での人事刷新、満州問題解決を図るための同志的結合）のメンバーらが合流してできた研究会。

(11)　「木曜会記事」木戸日記研究会・日本近代史料研究会編『鈴木貞一氏談話速記録（下）』（一九七四年）所収。

(12)　山室信一『キメラ　満洲国の肖像　増補版』（中公新書、二〇〇四年）第一章。

(13)　角田順編『石原莞爾資料　国防論策篇』（原書房、一九八四年）七六～七七頁。

策に命ずるところにより、あるいは支那本部〔中国東北部以南の中国〕に、あるいは南洋に向かい、勇敢にその発展を企図するを得べし。〔中略〕満蒙問題の解決策は満蒙を我領土とする以外、絶対に途なきことを肝銘するを要す。

（石原莞爾「満蒙問題私見」）

石原は、北満州までを抑えれば、安全保障上、ソ連を抑止できることになり、日本は中国本土や南進の途という、国防の自由度が上がる、よって満蒙は日本の領土とする以外はない、との主張です。石原の頭では、やはり、対ソ戦、対米戦に有利な戦略拠点となる場所としての「満蒙」という位置づけだったとわかります。

しかし、満州事変後、関東軍の満蒙領有論は、政府はおろか陸軍中央の同意も得られず、一九三一年九月一八日の事変勃発直後の九月二二日の段階で、早くも石原も独立国家論へと後退をよぎなくされます。結局、「宣統帝〔溥儀〕を頭首とする支那政権を樹立」[14]するという独立国家論で進む旨を陸軍大臣と参謀総長宛に書き送っていました。三二年三月一日、「満州国」の建国宣言がなされ、三月九日溥儀が満州国執政となる流れがここに敷かれました。さすがに、一九二〇（大正九）年に国際連盟創設、一九二八（昭和三）年の不戦条約締結といった時代、新たに植民地をもつのは無理だとの正常な認識も政府レベルではあった、ということになります。

奥泉　石原莞爾は当初は満蒙を植民地にしようという発想だったが、さすがに侵略戦争を非とする国際環境がそれを許さなかったというわけですね。それで「満州国」建国にシフトチェンジした。「満州国」については「五族協和」とかいろいろ理念が付与されていきますが、そもそもは軍事的な観点から求められたものだったということがよくわかります。

満州事変は、一九三一年九月、陸軍が謀略で起こし、それを政府が追認する形で、翌三二年の三月に「満州国」が建国され、九月一五日に日本は正式に「満州国」を承認する。しかし国際的にはそれは認められない。リットン調査団が調べにやってくる。

国際連盟脱退と各国の思惑

加藤　一九三二〔昭和七〕年一〇月にリットン報告書が発表された後は、国際連盟を舞台に松岡洋右全権などが、裏面では妥協の途を模索します。しかし、まさに連盟で満州事変についての審理がなされているときに、熱河省〔中国北方の省の一つ、遼寧省の西側〕への日本軍の新たな侵攻が起こると、これを理由として連盟から除名される不名誉を避けるため

(14)　関東軍参謀部「満蒙問題解決策案」同前書八五頁。

として、斎藤実内閣は一九三三年三月、連盟からの脱退を決意します。国際連盟規約第一六条一項に「第一二条、第一三条又は第一五条による約束を無視して戦争に訴えたる連盟国は、当然他の総ての連盟国に対し戦争行為を為したるものとみなす」という規定があり、連盟の審議中に新たな戦争を引き起こした国は経済制裁を科され、また同条第四項に規定する除名の制裁もありえたので、日本としては、除名は避けたいとなったのでしょう。

奥泉 除名される前に、こっちからやめちゃおうと。

加藤 リットン報告書が述べていたのは、日本が主張する新「国家」なるものは、住民の独立に対する自然の要求から生まれたものではない、純粋なる民族自決の例ではない、という点です。日本の軍事力で作られた傀儡国家である点についての婉曲表現ですね。

奥泉 まあ誰がみても、そうですよね。婉曲表現にするところに、むしろ日本への配慮があるともいえますね。

加藤 日本政府が満州事変を議題とする連盟での獲得目標は何であったのか、あるいは絶対に譲れないものは何であったのか、これは興味深いので見ておきましょう。斎藤内閣は、全権に対する訓令を、一九三二年一〇月二一日、閣議決定の上で全権に与えていました。その訓令の内容は三点からなっていました。①日本が有する既得権益に関する条約関係を継承すること、日本軍が満州国内に駐屯できるようにすること、②日本の主張を連盟が認めない時は、連盟に面目が立つように、本件から連盟が手を引くように誘導する、③次のような場合は連盟と争い、極力翻意させるようにあらゆる努力をせよ。次のような場合とは、(ⅰ)日本を侵略国、規約違反国と断定した時、そのようなことを前提とした決議を行った時、(ⅱ)①について効力を左右し、また拘束する決議を行った場合、でした。

奥泉　なるほど。

加藤　日本側が最も避けたかったことは、連盟が日本を侵略国、規約違反国と名指しすることでした。連盟の側もこの点はわきまえていて、リットン報告書や連盟総会の決議案中において、この表現は使われていません。結果的に日本が選択した方途は、②にあるように、本問題から連盟が手を引くようにする方法の一つの裏技である、日本自ら脱退するとの途でした。

奥泉　日本が脱退してしまえば、国際連盟は満州国の問題から手を引くだろうと。まさに裏技だ。国際連盟脱退というと、意見が通らないことに日本がキレて抜けた、みたいな印象がありますが、そういう思惑というか、駆け引きがあったんですね。あたりまえですが。

加藤　たしかに脱退後に連盟はこの問題を忘れます。中国との外交を見ても、実のところ沈静化しました。中国とは、一九三三年五月に塘沽《タンクー》停戦協定を締結し、満州事変以来の戦闘を終結させ、長城以南の中国本土と日本との関係を安定化させました。満州地域の「地方当局」軍である関東軍と、中国の「地方当局」軍である軍事委員会北平分会との間の停戦という妥協形式を生み出したのです。

　この後も日本は中国に満州国を事実上認めさせようとして、日本側は鉄道・郵便・税関などの南北連絡を実現させようとしました。一九三四年六月一日から無電協定、同七月一日から通車協定、三五年一月一〇日から通郵協定が実現しました。日本の連盟脱退後、日米、日仏、日ソなどの二国間関係も、実のところ安定したものになりました。

奥泉　なるほど。ようするに、国際連盟脱退作戦はうまくいった、と。

加藤　はい。ただ、日本外交の巧みさというよりは、むしろ、中国、アメリカ、イギリスなどの各国には各国なりの事情と思惑がありました。中華民国の蔣介石は、対日戦への本格的な準備を進めるとともに、中国共産党軍に対する包囲掃討作戦である囲剿《いそう》を本格化させますし、アメリカは一九二九年以来の世界恐慌から抜け出せず、イギリスは満州国内の日本陸軍の矛先がソ連に向いている限り、自らの極東・東アジア政策と矛盾しませんでしたし、[15]イギリスはドイツへの宥和政策の一環として英独海軍協定を結び、ドイツの海軍再軍備を許す方策をとりました。

奥泉　リットン調査団からは否定されたけれど、でも各国からの直接的な行動があったわけじゃないし、あまり怒られなかったし、中国との関係もうまくいったという認識があったわけですね。

加藤　はい。ようやく長かった満州事変関係の説明はこのあたりで終わりにしまして、次に、日本と中国の対立から、なぜ、日米戦争になるのか説明していきましょう。そこで、満州事変の一年前に話を戻し、一九三〇年のロンドン海軍軍縮条約をめぐる国内の鋭い対立を見ておきましょう。

奥泉　お願いします。

日中関係安定のための二つの道

加藤　すでに第Ⅰ部のお話で、軍の政治進出について考える際、ロンドン海軍軍縮条約を取り上げました。ここでは、日本の安全保障観、安全感の根本にある、日中関係のあり方への見方としてこの問題を振り返りたいのです。国家を二分するほどの鋭い意見対立がこの時に社会を強く緊張させたわけですが、問題は日中関係を安定させるにはどうするか、その方策には二つあったということです。

一つは、一九三〇（昭和五）年四月一日に幣原喜重郎外相が示した対中認識です。日本

(15)　井上寿一『危機のなかの協調外交』（山川出版社、一九九四年）六三頁。

が英米と協調する姿を中国に見せることで中国は日本に従順な対応をとってくれる、という見方[16]です。

〔もしロンドン海軍軍縮条約が締結できなければ〕ひいて日支の関係もまた間接に不利なる影響を受けるものと覚悟しなければならぬ。日本と英米との国交が円満なる限り、支那は遠交近攻《えんこうきんこう》または以夷制夷《いいせいい》の政策を弄《ろう》するの余地がないけれども、日本と英米とが離反して相対峙《あいたいじ》するならば、支那はこれに乗じて、何事についても、日本に強く反抗するの態度を執るに至るであろう。

（幣原喜重郎「倫敦会議に於ける我が最終態度決定の顛末竝訓令」）

引用した史料中の、遠交近攻や以夷制夷などの四字熟語は、司馬遷の『史記』などに登場するような歴史的な用語です。遠交近攻とは、遠い国と親しく関係を結んでおいて近くの国を攻め取る政策のこと、以夷制夷とは、他国の力を用いて別の他国の力を抑える政策、といった意味です。

奥泉　つまり日本が英米と仲良くしていれば、英米と結んだ中国が、英米の力を借りて日本を叩くことはできないと。

加藤　まさにそうです。一方で、日露戦争の勝利を導いたとして国民から信望があった東郷平八郎元帥、また海軍の中で作戦計画を立てる部署であった海軍軍令部の人々の、一九二九年一一月一三日段階の考え方も見ておきましょう(17)。東郷に面会した加藤寛治軍令部長が書き取った記録から紹介しておきましょう。

今日は華府《ワシントン》会議の場合と異なり、我が巡洋艦は立派に英米に比し、主力艦以上の高率を持ているものを、なお謙遜して許す限りの最小限をかけひきなしに主張したからには、一歩も退《ひ》くことは出来ない。〔中略〕将来の支那は禍根である。日本の武力が畏敬すべきものではなくなったら東洋の平和はたちまち乱れる。〔中略〕支那問題を見よ。到るところに国際問題を起こすべき不安がある。〔中略〕。ここに危険が伏在す。

（「東郷元帥之御答え」）

(16)「倫敦会議に於ける我が最終態度決定の顚末竝訓令」、外務省『日本外交年表並主要文書』下巻（外務省、一九六六年）一五一頁。

(17)「東郷元帥之御答え」伊藤隆他編『続　現代史資料　5　海軍』（みすず書房、一九九四年）四六七頁。

東郷が述べていたのは、次のようなことです。一九二一（大正一〇）年末から二二年に開催されたワシントン会議では、主力艦について英米日の保有する主力艦の割合を五・五・三とする海軍軍縮条約を締結した。その際日本は妥協を強いられた。そして今回、一九二九年末から三〇年にかけて開催されるはずのロンドン会議では、巡洋艦などの補助艦が軍縮の対象となるが、今回もまた、さらに日本は英米に対し、より妥協したトン数で交渉に臨んでいる。英米に対しこれ以上妥協することはできない。英米に対する日本の海軍力が十分にあることで、中国に対する武威が保て、東洋の平和も保てる。中国は将来の日本の安全保障上にとって災いの元である。中国問題を見れば、到るところに将来の国際問題を起こす要因を有している。

以上のように、東郷の対中観は、幣原のそれとは異なり、英米に対して日本が武力で対抗可能な状態にあるかどうか、すなわち武威を保てているかどうか、これが中国に対する時に肝心だという対中観です。

注目していただきたいのは、幣原外相と東郷元帥の見方は一八〇度異なっているのですが、日本にとっての中国問題への対応を対英米関係からはじき出しているという点では、同じなのです。日中関係という二国間の関係で問題を考えていない点では同じ方向性をもっていました。

奥泉　なるほど。くわえていえば、意見の相違はあるにしても、中国との関係を安定させようという目的は共有されている。幣原であれ東郷であれ、言ってみれば情報にアクセスできるエリートです。しかし、陸軍は中国問題に関してそれとは違う説明を国民に宣伝する。このことは非常に大きいポイントですよね、後の展開にとって。

感情に訴える国民向けの宣伝

加藤　まさにそこですね。おっしゃるとおり、陸軍は在郷軍人会主催の講演会や、国防思想普及運動などを通じて、農閑期の農民らを町に集めて積極的にアピールしていました。その時の講演会の様子をたまたま見ていた青年、後に満鉄調査部に勤務することになる知識層の一人である石堂清倫が、一九三〇年頃なされた「時局大講演会」の様子を書き留めています。このような感じです。[18] 陸軍省から派遣された軍人による講演の様子です。

　諸君は五反歩の土地をもって、息子を中学にやれるか。娘を女学校に通わせられるか。

(18)　石堂清倫『20世紀の意味』(平凡社、二〇〇一年)四八〜四九頁。

ダメだろう。税金を払うのも困難だろう。日本は土地が狭くて人口が過剰である。このことを左翼は忘れている。だから、国内の土地所有制度を根本的に改革することでは改革はできない。ここでわれわれは、国内から外部へ眼を転じなければならない。満蒙の沃野を見よ。〔中略〕他人のものを失敬するのは褒めたことではないけれども、生きるか死ぬかという時には背に腹はかえられないから、あの満蒙の沃野を頂戴しようではないか。これを計算してみると、諸君は五反歩ではなしに一躍十町歩の地主になれる。つまり旦那衆になれる。民族として生きるためのただ一つの選択だからこれをやるしかないのだ。

（石堂清倫『20世紀の意味』）

軍の中枢にいる人間の頭では、全満州を奪取する理由は、石原の考えを見たように、国防上の安全感から導き出されたものです。しかし、知識人に向けては「条約を守らない」中国という批判を展開する。また、農民に向けては「旦那衆になれる」という、文字通りの煽動をする。国防上の真の狙いと、宣伝で用いられる際の説得の論理がズレているわけですね。ですから、その両方を視野に入れ、しっかりと反論するのは、なかなか難しかったのではないか。

奥泉　なるほど顕教にも二層あるんですね。しかし「旦那衆」になれるというのは、露骨というか、古い植民地主義そのままだ。新聞は、知識人というか、言葉をもつ人向けだから、さすがに「あの満蒙の沃野を頂戴しよう」とは書かないけれど、中国批判については軍官僚の宣伝を真に受けた記事を書く。リットン報告書についても、よく読めば必ずしも日本にとって不利じゃないんだけれど、軍の宣伝が効いちゃってるから、もう烈しく反発する。

加藤　吉野作造も、リットン報告書が発表された後の新聞の憤慨一色の反応ぶりを見て、一九三二（昭和七）年一〇月三日の日記に「噂されたより以上に日本に不利なので新聞の論調も険悪である(19)」、「公平に観てあれ以上日本の肩をもっては偏執の譏《そしり》を免れぬ」だろう、と、ある意味でお手上げ状態だという気分を抱いていました。中国政府が組織的なボイコットを日本製品に対して行っていたことの認定など、実は日本側の主張が認められた部分も多かったリットン報告書でしたが、国民は、満州事変までの正確な経緯を政府や軍部から全く知らされておらず、ひたすら、「満蒙は日本の生命線」とだけ聞かされていたわけですので、その国民を前にした新聞論調も、報告書批判一色となったのでしょう。

(19)　『吉野作造選集』第一五巻（岩波書店、一九九六年）四二〇頁。

奥泉　国民には安直で感情を刺激できる物語を与えておけばいいという発想。これがなにより禍根の種となる。もちろんマスコミを含め、国民の側にそれを批判できる力がなかったという問題もあるわけですが。

石原莞爾と石橋湛山

奥泉　ここで一つ質問です。石原莞爾が日米最終戦争に備えて、いわば資源基地としての満州が非常に大事なのだと書いていますね。しかし実際には満州は必ずしも資源豊富なわけじゃない。石原はそれを知らなかったんですかね？

加藤　大変に鋭い問いだと思います。やはり非常に理念的な構想で満州事変がまずは起こされ、本格的な資源の実地調査は、事変以後にスタートしました。事変から四年後の一九三五（昭和一〇）年一〇月、仙台の連隊長から参謀本部作戦課長になって東京に戻った石原は、満鉄経済調査会東京駐在員の宮崎正義に依頼し、私的な機関として日満財政経済研究会（以下、宮崎機関）を設立します[20]。そしてようやく、一九三六年以降、「昭和十二年度以降五年間歳入及歳出計画　付　緊急実施国策大綱」など、鉱工業資源などに目配りした本格的な計画案ができてきました。宮崎はソ連流の計画経済を学んだ人ですが、できてきた案は、満州に鉄鋼七五〇万トン、石炭四五〇〇万トン、自動車四万台、アルミニウム三万トンなどの重工業を建設しようとした長大な構想でした。

また、満鉄自体、一九三三年一一月段階から、満蒙以外の周辺地域、すなわち中国の「華北経済調査計画」をも立案していました。[21]石炭はどうにかなっても、製鉄に関しては華北、中国北部地域に依存しなければならないことなどわかっていたのでしょう。鉄、石炭、綿花、塩、麦粉、煙草、木材、麻薬などの資源は華北にあり、華北地域は列強の敷設した豊かな鉄道網にも恵まれていました。満州と華北の双方を統合するような経済ブロックでなければ成り立たないことを、石原を含めて満州事変後、満州国建国後に自覚したと思います。

また、海軍の艦船の動力が石炭から重油に切り替わり、飛行機の燃料である揮発油も加速度的に必要となるという事態が一九二〇年代を通じて進行しましたから、宮崎機関においても、一九三六年九月「満州に於ける軍需産業建設拡充計画」では、人造石油の開発に

(20) 中村隆英、原朗「解題」、日本近代史料研究会編『日満財政経済研究会資料　泉山三六氏旧蔵』第一巻（一九七〇年）一頁。また、原朗『満州経済統制研究』（東京大学出版会、二〇一三年）六二頁。

(21) 中村隆英『戦時日本の華北経済支配』（山川出版社、一九八三年）一五頁。

原はずっと悩んでいたはずです。

奥泉　満州事変後に調査をはじめたんですね。まあ、なんとなく資源が豊富にありそうな感じがしたのかな（笑）。ところが満州国をつくってみたら、資源基地としてはいまいちだった。

加藤　そこが歴史の皮肉なところであり、不可逆なところです。人の考えは当然のことですが、変わります。石原はソ連軍が弱体な状態であるとの楽観を一九二八（昭和三）年あたりでは抱けていますが、まさに二八年から始まったソ連の五カ年計画、そして第二次五カ年計画の途上の一九三五年時点では、全く異なったことを述べています。

奥泉　一方で石橋湛山などは別のことを言っていますよね。植民地は要らないんだと彼は主張する。植民地経営はお金がかかって仕方がない、むしろ自由貿易の形をとったほうが得なのだと。

加藤　はい。湛山の「小日本主義」「満州放棄論」ですね。これまで私は、国家の為政者や軍人らの安全感、朝鮮半島を他国の影響下に置かないという日本の国家戦略ばかりを語ってきました。けれども、たとえば幸徳秋水らの社会主義者、内村鑑三らのキリスト者、また湛山が社説を書いていた『東洋経済新報』（以下『新報』）による自由主義者らは、植民地の拡張に反対していました。湛山の論説はその歯切れのよさと論旨の明快さで有名です。たとえば、日本は中国に対峙するのに、功利一点張りで考えよ、と述べていることなど面白いですね。

一九一五（大正四）年五月二五日の社説「先ず功利主義者たれ」は、「功利一点張りで行くことである。我れの利益を根本として一切を思慮し、計画することである。〔中略〕我らは曖昧な道徳家であってはならぬ」と書いています。その上で、一九二一（大正一〇）年七月三〇日〜八月一三日の社説「大日本主義の幻想」では、植民地を領有しても、期待するほどの利益は上がらない、と断じていました。

その説明が説得的です。一九二〇年の日本の輸出入総額を、朝鮮・台湾・関東州の三つの植民地と、米国・インド・英国の三国とで比較してみれば、三植民地との貿易総額は九億一五〇〇万円なのに対し、米国・インド・英国との貿易総額は二三億五五〇〇万円に達すると。また、三植民地は、日本の工業上必要な原料である鉄、石炭、石油、綿花などについて、十分な供給地でないとも書いて、政治、経済、軍事、移民論などの多様な観点から、満州の放棄こそが日本の利益になると主張していました。(23) 先の石原莞爾の認識などと

(22) 前掲、原『満州経済統制研究』六二頁。

は全く異なりますね。

奥泉　その意味では、湛山らは別として、為政者や軍人や国民の多くは、古い帝国主義、植民地主義のイメージからなかなか抜け切れていなかったと言えるんでしょうね。

加藤　やはり、一九二九（昭和四）年のアメリカの大恐慌で英米の自由主義や資本主義は行き詰まってしまったではないかという悲観的な見方がある一方で、統制経済の体制に移行したソ連・ドイツ・日本が比較的早く不況を乗り切ったではないかという、三〇年代に世界の人々が見た光景が、英米流の自由主義経済への幻滅や軽視につながったというのはありそうです。

奥泉　なるほど、それもありますか。

加藤　なんらかの統制経済が必要だと、日本の大蔵省や財界の人々さえ認識し始めるのが一九三六、七年頃でしょうか。満州国での五カ年計画の経験が、日本に逆輸入されて還流してくるのです。蔵相の結城豊太郎や、三井合名会社の常務理事であった池田成彬などが、軍の経済改革案にある程度乗った、軍財抱合と言われるような潮流が出てきます。また、ソ連の軍拡ということでは、ソ連の第二次五カ年計画はそれを支えたという点で成功していましたので、一九三六年頃から参謀本部の第一部長などになっていた石原莞爾などは、日ソの飛行機の保有量の差異などに危機感を覚えて、満州における航空機産業など重化学工業化を図るためなどとして、財閥に接近してゆきます。一厘も金を出させないなどと豪語していた石原でしたが。

奥泉　むしろ軍部と財閥とが提携していく。

加藤　そうです。満州事変後しばらく、関東軍や満鉄は、満州に財閥は入れないなどと息巻いていましたが、一九三六年あたりで方針転換がなされる。満蒙に続いて中国の華北の経済支配が国策化されていきます。これはこの後、お話をしていきます。

新しい戦争?

奥泉　さて、このあたりから日中戦争に入っていきたいのですが、私は長らく日中戦争がどういう戦争なのかわからなかったんです。戦争をする以上は目的があるはずです。公に宣伝する目的と実際の目的は違うにしても、何かしらの理由づけというか、正当化の理屈なしに戦争はできない。ところがそれがはっきりしない。一般向けには、膺懲《ようちょう》する──懲らしめる、なんていったりしたわけですが、それもなんだかよくわからない。日中戦争の頃の人々の日記などを読むと、彼らも釈然としていない。この戦争は断然推進すべきなん

（23）　増田弘『石橋湛山　リベラリストの真髄』（中公新書、一九九五年）六八〜七三頁。

だという人はあまりいなくて、どうも当時からよく意味がわからないと思われていた。たとえば一九三八（昭和一三）年に出た「国民政府を対手とせず」という近衛文麿首相の声明なども、全体何をしようとしていたのかよくわからない。

加藤　当時からわかりにくい戦争だったというのは、そのとおりでした。何やら日中戦争が「新しい」戦争だということは同時代的にも気づかれていました。政治思想家の橋川文三は、歴史研究者の藤原彰や古屋哲夫らとの対談でこう述べていました。[24]

日中戦争とはいったい近代日本にとって何だったのかということとの、いってみれば巨視的な理解が、いまでもぼくはないように思うし当時においてはもちろん成り立ちっこなかったという憶測を持っているわけなんです。というのは、あの戦争は非常に不思議な戦争で、宣戦布告がないし、戦闘はやっているけれども、いわゆる裏面工作では、和平工作というのが執拗に最後まで行われるわけでしょう。極端にいったら日本国民は、あれを戦争と思ってないかもしれない。

（橋川文三、『ファシズムと戦争』所載の対談中の発言）

また、日中戦争のわけのわからなさについて、わかった気になってはいけないと論じたのが小林秀雄でした。一九四〇（昭和一五）年八月の『文學界』に掲載された「事変の新しさ」[25]です。橋川と同じく小林も、宣戦布告せずに大戦争をやっていることの不思議さを述べていました。[26]

わが国は、只今、歴史始〔ま〕って以来の大戦争をやっております。大戦争たる事に間違いはないが、御承知の様に宣戦を布告しておりませんから、戦争と呼んではいけない、事変と言います。事変と呼び乍《なが》ら正銘の大戦争をやっている一方、同じ国民を相手に、非常な大規模な新しい政治の建設をやっております。〔中略〕事変の新しさというものの正体を、先入主なく眺めるという事、そこに僕等の眼の焦点を合わせるという事は非常に難しい仕事なのである。

(24) 藤原彰ほか『シンポジウム　日本歴史　21　ファシズムと戦争』（学生社、一九七三年）二四五頁。
(25) 小林秀雄「事変の新しさ」『文學界』（一九四〇年八月）、『小林秀雄全作品　13　歴史と文学』（新潮社、二〇〇三年）一〇三〜一一七頁。
(26) 同前書一〇三、一一一頁。

（小林秀雄「事変の新しさ」）

日本は、片方の手では、戦争という名の殺戮を行い、片方の手では、和平交渉や傀儡政権建設を続けている、大戦争のはずなのに、宣戦布告はなされていない、このあたりが同時代的な日中戦争の不思議さ、でしょうか。

奥泉　そもそも日中戦争の勃発が偶発的だった、ということもありますか？

加藤　あっ、そこは大事なことでした。一九三七（昭和一二）年七月七日、北平（北京）市の西南郊外の豊台に駐屯していた日本軍と、中国第二九軍との間で夜間に起きた偶発的な小衝突に端を発した盧溝橋事件でしたが、これは、謀略で引き起こされた満州事変とは異なり、たしかに発端は「偶発」的でした。しかし、満州国の建国以来、中国東北部に接する華北の経済を日満ブロックに編入しようとする日本側の動因が働き、関東軍や陸軍中央による華北分離工作が着々と進展していたなかでの「偶発」でした。

奥泉　満州のみならず華北をも支配下におこうとする日本の動きが必然的に生み出した衝突だった。満州は支配したものの資源があまりない。華北まで含めてブロック化しないと意味がない。火種はもう十分に用意されていたわけですね。

加藤　盧溝橋事件が勃発する一カ月程前、一九三七年六月四日に組閣した第一次近衛文麿内閣は、軍との関係が良好であっただけでなく、昭和研究会など知識人グループをブレインとしていたことでも知られています。昭和研究会の知識人や当時の言葉で革新派と呼ばれた論客などは、なにを論じていたのでしょうか。まずは、三谷太一郎氏による優れた分析をご紹介しましょう。当時、東京帝大法学部教授で政治学を講じていた蠟山《ろうやま》政道の日中戦争観です。蠟山が書いた『東亜と世界』(27)（一九四一年）を精緻に読み取った三谷氏によるまとめの文章から引用しておきます(28)。蠟山の元の本は、これほど明快には書かれていないので、三谷氏のまとめを見ておきましょう。

　日本の軍事力によって打破されなければならない二つの障害があったからである。一つは中国民族主義であり、一つは中国民族主義を利用し、そのためにこれと提携した西欧帝国主義である。〔中略〕民族主義は、かつて西欧世界において果したような

(27)　蠟山政道『東亜と世界　新秩序への論策』（改造社、一九四一年）。
(28)　三谷太一郎「国際環境の変動と日本の知識人」細谷千博ほか編『新装版　日米関係史　開戦に至る十年　4　マス・メディアと知識人』（東京大学出版会、一九七二年初版、二〇〇〇年新装版）一五六頁。

普遍的秩序原理としての歴史的役割を失った。〔中略〕民族主義はもはやアジアを救済する原理とはなり得ない。中国民族が生きるためには、民族を超えた地域的連帯にめざめなければならない。しかるに、それを妨げているのが中国民族主義であり、ここに日中戦争が戦われなければならない一つの重大な原因がある。

（三谷太一郎「国際環境の変動と日本の知識人」）

やはり、時の政権のブレインになる蠟山ですから、目の前の戦争をこのように正当化していたのか、とある意味で感心してしまうようなまとめです。中国の民族主義はアジア救済の秩序原理とはなれない、そして欧米の帝国主義はその中国の民族主義を利用しているので、二つとも日本の軍事力で打倒する必要がある、というまとめ方です。

奥泉　なるほど。うまいことといいますね。頭はいいな。

加藤　実は、当時の雑誌を眺めてみますと、蠟山に見られるような、説明の仕方が非常に多いのです。たとえば、一九四〇（昭和一五）年一〇月、大政翼賛会が成立する時に東亜部副部長となる杉原正巳というジャーナリストがいます。杉原は陸軍軍務局長の武藤章が機密費で出していた雑誌『解剖時代』の主宰者でしたが、その杉原の議論は、先の蠟山の議論をもう一歩進めたような戦争観でした。つまり、中国に対する日本の戦いは、国際資本主義と国際共産主義が中国の蔣介石に影響を与えている現状に対して、その迷妄から中国を目覚めさせる戦いだというわけです。「共産主義と資本主義は近代の生んだ双生児」であり、「支那事変は、東亜の世界（国際資本主義及び国際共産主義的支配）に対する革命[29]」であり、「東亜協同体とは十九世紀の旧い国際金融資本秩序、国際共産主義秩序の支配・被支配の関係に代る第三秩序」を形成するための議論なのだ[30]と。中国は、東アジアの国として生き残る道に気づかず、日本を顧みずに、背後のアメリカや背後のソビエトに騙されているという、そういう考え方です。

戦争目的の表と裏

奥泉　戦争の真の目的は目的として、このような戦争の意義づけ、理念的な戦争目的は、あとづけででも作る必要があったんでしょうね。

加藤　一九三七（昭和一二）年七月に開始された戦争ではいったいどれくらいの人数が中国大陸に出征していたかといえば、四〇年初頭の数字ですが、将兵の数は約八五万人の規

(29)　杉原正巳『東亜協同体の原理』（モダン日本社、一九三九年）八九頁。
(30)　同前書二五三頁。

模にも達していました。そして、新たに英米蘭との戦争が始まる四一年一二月、太平洋戦争の勃発時までに中国大陸で戦死した将兵の数は約二〇万人にも達していました。「満蒙」問題が、ある意味で満州国の建国によって解決されてしまった以上、「条約を守らない」中国への憎しみの感情の動員だけで、これだけの規模の軍隊を動員し、これだけの戦死者を出す戦争の必然性を国民に納得させることは不可能だったはずです。

奥泉　約束を守らない中国を懲らしめるだけじゃ無理だと。べつの理屈を発明せざるをえなかったということですね。しかし、かなり観念的だから、国民は納得できなくて、もやもやは消えなかった。

加藤　ここまで、知識人グループや革新派の人々の議論に代表させて、同時代人による日中戦争の意義づけを見てきましたが、一九四〇年七月二二日、二度目の首相となった近衛文麿は、同年九月二八日、日独伊三国軍事同盟がベルリンで調印された翌日のラジオ放送で、次のように日中戦争を表現しています[31]。

> 日支の紛争は、世界旧体制の重圧の下に起れる東亜の変態的内乱であって、これが解決は世界旧秩序の根柢に横わる矛盾に、一大斧鉞《ふえつ》を加うることによってのみ、達成せられる。

（近衛文麿「重大時局に直面して」）

演説中に出てくる言葉、「世界旧体制」や「世界旧秩序」の内容は、これまで見てきた蠟山や杉原の東亜協同体の議論を踏まえたものでした。英米の資本主義とソ連の共産主義、この二つの主義をともに前世紀の古い体制だと批判しています。日中戦争は、新しい体制に向かってゆく日本と、資本主義や共産主義といった旧体制に拘泥する中国、その二国の戦いだ、というのです。

奥泉　内実はともかく、イメージとしてはクリアだ。知識人の心には響きそうですね。

加藤　ただこれは、「新しい」戦争に馴染みのない国民を説得するための論理であって、実際に目指されたのは、日本による中国経済の優越的支配であったことは言うまでもありません。一九三五年当時の陸軍・海軍・外務三省の課長級の会議や、関東軍の主務者が集まる会議などで共有されていたのは、中国を日本「帝国の方針に追随」させることであり、また「我が既得権を公正に主張し」、もって「北支那政権を絶対服従に導く」[32]といった、

（31）　近衛文麿「重大時局に直面して」一九四〇年九月二八日、国立国会図書館デジタルコレクション歴史的音源（http://rekion.dl.ndl.go.jp/）、永続的識別子 info:ndljp/pid/3573908.

物騒な決意でした。満州に続いて、華北地域を日本の経済ブロックに入れてゆくという考え方でした。

奥泉　旧体制を打破するとか、理念はかっこいいですが、本音というか、リアルな戦争の目的はあくまで華北を日本の支配下に置くことにある。

加藤　蔣介石が率いる中国は、一九三三（昭和八）年五月の塘沽停戦協定以後、華北五省を南京国民政府の直轄下ではなく、現地政権を作らせて間接統治を行ってきました。そのような中国側の現実主義的な対応に対して、日本側は一九三五年の頃から、より強硬な方針を採り、華北分離工作を進めており、その帰結が三七年七月の盧溝橋事件での現地衝突につながります。

戦闘が一段落する三八年一一月には、華北・華中占領地を経済的に支配するため、財界の総力を結集した開発会社である、北支那開発株式会社や中支那振興株式会社が設立されます。満州国ができてすぐの頃は、財閥を満州に入れないなど関東軍が息巻いたことは、前にもお話ししましたが、この頃には、財閥系企業が名を連ねて、中国への経済進出を強めるようになっていたのが実態です。

奥泉　日本としては、とにかく中国全体を自分の経済ブロックに取り込みたいわけですね。財界、官界こぞって軍の方針に乗っていく。

加藤　日本と満州間の決済を円で行える円ブロック圏に、まずは華北を編入し、その資源を日本側が獲得したいとの意図がありました。南京に首都をおく中華民国国民政府は、長江河口域である浙江を拠点とする浙江財閥を経済的に後ろ盾としてきました。その国民政府を弱体化させるには、華中・華南圏をも押さえたい。それが、先ほどの中支那振興株式会社が目指したものでした。そして、北支那開発、中支那振興の二つの会社の監督権は支那派遣軍などの特務部ではなく、内閣の第三委員会というものが握るようになります。

内閣参議という役職についていた、財閥の元締め・池田の元で、北支那開発・中支那振興の二つの会社設立のための指揮をとった武部六蔵という内務官僚が、一九三七（昭和一二）年一二月一一日の日記に興味深いことを書いています。「北支に関しては中央の発言権、指導権を確保する、駐屯軍は政治に関与させない、関東軍の干渉が北支に延びぬようにする、満州に於ける軍の干渉、統制経済の失敗を繰返さない、戦果を全国民一致の力で全収する等が骨子」[33]であると。ポイントは、戦果を全国民一致の力で「全収」する、とい

(32)　前掲、中村『戦時日本の華北経済支配』二一一頁。
(33)　田浦雅徳・古川隆久・武部健一編『武部六蔵日記』（芙蓉書房、一九九九年）一九三七年一二月一一日条、二五二頁。

うところにあります。兵士が生死を賭けて獲得した戦果、これを国民が全て獲得するという、日本側から見た際のこの時期の戦争の本質が鮮やかに切り取られていることです。占領地開発会社ができたことには、手放しで喜んでいます。戦争の経済的な側面が赤裸々に表に出てくる時代でした。

奥泉　なるほど。戦後に流通したイメージ、すなわち、跳ね上がりの軍人が、中国なんて一撃で屈服させられるとばかりに、中央の意向を無視してどんどん戦線を拡大していった、というわけではないんですね。やり方には硬軟あるけれど、中国支配は国をあげての方針だったということがよくわかりますね。

陸海軍共通の仮想敵・アメリカ

奥泉　ところで、世界全体を見渡すと、この時代はアメリカのヘゲモニーが確立していく時代です。一九世紀にイギリスの覇権時代があって、それが崩壊して帝国主義の時代を迎えた。一九世紀後半から二〇世紀初頭、第一次世界大戦を頂点に列強が覇権を競ってせめぎ合う時代になった。そうして一九三〇年代、今度はアメリカのヘゲモニーが確立していく。このアメリカのヘゲモニーにドイツが対抗し、日本が対抗し、やがてソ連が対抗するという構図で世界史は進んでいく。ヘゲモニー国家というものは、だいたいが自由貿易を志向するわけですが、そういう流れでみると、アメリカが大きな力を持ちつつある時代に、いち早く中国を自らのブロックに収めてしまいたいというのが、日本が日中戦争に進んでいった最大の動機だったということになりますね。一方アメリカはそれを阻止しようとする。その対立がついに日米戦につながっていく。

加藤　ちなみにアメリカという国が、地球上で比類無いヘゲモニーをもちうることについては、ドイツの社会科学者マックス・ヴェーバーが第一次世界大戦中に見通しています。ヴェーバーが亡くなるのは一九二〇年ですが、大戦中の一九一六年三月、アメリカの参戦を防ぐためにドイツ政府の要路者にヴェーバーは慎重な外交政策を採るように進言する手紙を出しますが、その中で次のように述べています。「アメリカは、参戦してもほとんど危険をおかすことがないし、当分のあいだは無制限に戦争することができる(34)」。「敵側は、時機を逸さずに到来するアメリカの参戦によって、物質的にも道徳的にも、実際にいつまでも戦争を続行することができるようになるということである(35)」。結局、ドイツは、ヴェ

(34)　マックス・ヴェーバー「潜水艦作戦の強化」中村貞二・山田高生ほか共訳『政治論集　Ⅰ』（みすず書房、一九八二年）一六六頁。
(35)　同前書一六七頁。

ーバーの忠告を無視してアメリカの参戦を招いて、窮地に陥るわけですが。

第一次世界大戦の一つの特徴は、アメリカに世界の富を集積させて終了したという点にありました。日本において、国防政策上の最高の意思決定文書は「帝国国防方針」でした。これは、一九〇七（明治四〇）年に最初に策定されて以降、一八年、二三年、三六年と改定されましたが、第一次世界大戦後の帝国国防方針中で、次なる戦争の可能性は、次のように想定されています。一九二三（大正一二）年二月の第二次改定中の第三項「世界の大勢」。国際連盟はできたが、アメリカが参加を拒否したのでその効力は疑わしく、また九カ国条約や四カ国条約が締結されたが、それらの諸条約によっても、東アジアの安定は期しがたいとし、以下のように述べていました(36)。

禍機《かき》醞醸《うんじよう》の起因は主として経済問題に在り、惟《おも》ふに大戦の創痍癒《い》ゆると共に、列強経済戦の焦点たるべきは東亜大陸なるべし。蓋《けだ》し東亜大陸は地域広大資源豊富にして他国の開発に俟《ま》つべきもの多きのみならず、巨億の人口を擁する世界の一大市場なればなり。是に於て帝国と他国との間に利害の背馳《はいち》を来し、勢の趨《おもむ》くところ遂に干戈《かんか》相見ゆるに至るの虞《おそれ》なしとせず。而して帝国と衝突の機会最多きを米国とす。

（一九二三年「帝国国防方針」）

最初の国防方針や第一次改定の時とは異なり、陸海軍共通の仮想敵として第一にアメリカの名前が挙げられるようになっており、中国をめぐる経済問題と人種的偏見を原因とする長年の対立から、日本はアメリカと戦争となる公算が高いとみなされていました。これまで見てきた、幣原や東郷の対中観、石原の日米最終決戦論、そしてこの国防方針などを見ますと、中国問題をめぐってのアメリカとの対立が、日本の安全感においては、骨の髄まで染み込んだものなのだ、と言えそうですね。

奥泉　アメリカという最強国が、中国のブロック化を目論む日本の最大の障害となる。それとどう渡り合うかが課題とならざるをえない。太平洋を挟んで対峙する海軍は当然として、陸軍も一九二三年の段階でアメリカを仮想敵国としていたんですね。しかし、陸軍はその後も、自分たちの主な敵はソ連だと考えていたんじゃないでしょうか。陸軍がアメリカとの戦争を本気で考え出したのはだいぶ後というか。

加藤　中国の経済権益をめぐる戦いでは、日本の陸海軍の第一の想定敵国となったのはア

(36)「ＪＡＣＡＲ（アジア歴史資料センター）Ref.C14061002600、帝国国防方針　大12（防衛省防衛研究所）」

メリカで間違いないのですが、陸軍の「歩兵操典」での仮想敵はたしかに依然としてソ連でした。武力行使を伴う南進について考えるには、これまで北進を掲げてきた陸軍が、どうしてこの時期になって南進、米国との対立を辞さないようになるのか、これを見る必要があります。

南進論と三国同盟の要点

加藤　日中戦争から日米戦争への流れを説明するために落とせない、非常に重要な論文があるので、これを見ておきましょう。外務省外交史料館や防衛研究所戦史部で多くの外交・軍事の関係史料を分析された後、筑波大学で長らく教えられた外交史を専門とする波多野澄雄氏の論考「開戦過程における陸軍」(37)です。波多野氏は臼井茂樹という参謀本部謀略課長に焦点を当てています。

奥泉　謀略課ですか。

加藤　謀略課長というと物騒ですが、基本的には海軍や外務と交渉するための計画案などをどんどん立案する人です。臼井は、南進することで日中戦争にカタをつけようとする解決案をこの時期に考えた人として注目されるのです。

第二次近衛内閣は成立直後にとても重要な二つの決定を行いました。一九四〇（昭和一五）年七月二六日に「基本決定要綱」を閣議決定し、翌日には「世界情勢ノ推移ニ伴フ時局処理要綱」（「処理要綱」と略）[38]を大本営政府連絡会議決定としました。この「処理要綱」の陸軍原案の作成を作戦課戦争指導班に命じたのが臼井謀略課長で、南方に進出することで日中戦争を解決に導くという、南方論者の典型的な一人です。その考え方は、独伊によって欧州やアフリカのブロック化が進められる一方、英国はインドとオーストラリアを防衛の中核としてアメリカとも協力し、南太平洋に後方線を確保してくるだろう。よって、数年後には、戦略的経済的に強固な英米ブロックが南方地域に作られてしまう、というものです。

好むと好まざるとにかかわらず、日本は英米に重要な戦略物資を依存する経済を続けられなくなる。ならば、南方を含む経済的自給圏確立のため先手を打たなければならない、という考え方でした。自給自足圏確立のための南方進出を可能にするため、対ソ安全感の

(37)　波多野澄雄「開戦過程における陸軍」細谷千博ほか編『太平洋戦争』（東京大学出版会、一九九三年）五～三三頁。
(38)　稲葉正夫ほか編『太平洋戦争への道　開戦外交史　別巻　資料編　新装版』（朝日新聞社、一九八八年）三二二～三二五頁。

獲得、日中戦争の終結、独伊との政治的結束が必要なのだ、との発想で、この場合、シンガポール等のイギリス領やオランダ領東インドへの武力行使も厭《いと》わない、ことになります。

南に眼が向くと、南方地域の植民地の宗主国は、フランス、イギリス、オランダである。これらの宗主国と対抗できるのは、ドイツである。だからドイツと同盟を結び、一九三九年九月から始まっていた第二次世界大戦がドイツの完勝で終わらないうちに、大戦の分け前をドイツに対して主張しておこうという考えでした。一九四〇年五月にはオランダとベルギーが降伏し、六月にはノルウェーとフランスが降伏していましたから、六月時点でドイツ軍に抵抗している国はイギリスのみとなります。日本はもちろん、大戦に参戦していませんでしたから、未だ参戦していない日本が、ドイツに敗北した宗主国がもっていた南方の分け前を奪おうとする時、どうすれば可能か。河西晃祐さんという研究者が、卓抜な表現でこのあたりのことをまとめています[39]。

そもそもの「大東亜共栄圏」とは、植民地宗主国を抑えたドイツによる東南アジア植民地の再編成の可能性を、参戦もしていない日本が封じるためのステートメントにすぎなかったのである。

（河西晃祐「外務省による「大東亜共栄圏構想」の形成」）

奥泉　なるほどなあ。たしかに参戦してないんだから、分捕り品をこっちにも下さいとは言いにくい。評判の悪い三国同盟ですが、つまり簡単に言ってしまうと、南方のフランスやオランダの植民地をドイツからスムーズに分けてもらうためにはこの同盟が絶対に必要だと。そういう論理ですね。

加藤　はい。ドイツの完勝で第二次世界大戦が終わってしまうという怖れが強かったのだと思います。強い国と同盟を組んでアメリカに対抗したい、というよりは、南方の植民地の処理に興味があった。ドイツを牽制するための三国同盟ですね。

奥泉　「大東亜共栄圏」もドイツを牽制すべく唱えられたのだと。たしかに三国同盟を推し進めた外交官である白鳥敏夫のような例外はいるけど、政策決定の近くにいた人はみな、疑うというか、あまり信用してませんよね、ドイツのことを。

加藤　まさにそうですね。事実、一九四〇年七月一二日と一六日に開催された「日独伊提携強化に関する陸海外三省係官協議会」での出席者の発言など、赤裸々です。安東良義欧

(39)　河西晃祐『帝国日本の拡張と崩壊　「大東亜共栄圏」への歴史的展開』（法政大学出版局、二〇一二年）一四二頁。

亜局第一課長などは「ドイツが蘭印〔オランダ領東インドなど〕等に政治的指導性を持とうとすることには強く反対すべきである」[40]と会議で述べています。

奥泉　三国同盟というと、これまでなんとなく、ドイツが勝ちそうだから勝ち馬に乗ろう、みたいなイメージでかたられてきた。しかしそんな単純なものではない、と。ドイツを牽制しつつ南方地域のブロック化を推し進め、資源の獲得を効率よく行うためには、ドイツと同盟を結ぶのがいいというわけですね。なるほど。三国同盟の経緯が大変クリアになりました。

変わりゆく「中立」

奥泉　アジア・太平洋戦争について、膨大な論点の中から重要なものを絞って論じようとすると、どうしても浮上するのが、アメリカの中立法の問題ですね。これは歴史学者のあいだでは常識だったのかもしれないけれど、私はよく知りませんでした。なぜ日中戦争は宣戦布告のない戦争だったのか。これはアメリカのヘゲモニーが確立しつつあった時代の世界秩序を背景にした問題なんですね。

加藤　先に、橋川文三や小林秀雄が、日中戦争のわかりにくさ、あるいは、これまでなかった種類の戦争だという意味での「新しさ」について言及したようすを見ました。宣戦布告なしの戦争は、現在の視点からいえば、卑怯、不道義しか意味しません。しかし、宣戦不告のない戦争の形態は、一九二八（昭和三）年の不戦条約によって戦争が違法化された時代、また、三七年のアメリカの中立法によって宣戦布告することが重大な意味をもってくる時代にあって、ある意味で、必然的に生じてくる戦争の形態だったのです。

奥泉　まず、従来の「中立」とはどのようなものだったのか。加藤さんご自身がわかりやすく整理されていますので、そこを読んでみましょう[41]。

一七世紀の思想家にして国際法の父・グロティウス以来の古典的な中立概念が要求する中立国の義務として最も重要なことは、双方の交戦国に対する「公平」の原則でした。交戦国を差別的に扱ってはならないということです。そのうえで、中立国には、①容認義務（中立国の海上交通を交戦国が封鎖あるいは船舶を海上捕獲した場合、中立国はそれを容認しなければならない）、②回避義務（中立国は交戦国に軍事援助を与えてはならず、軍需品を売却してはならず、交戦国の公債に保証を与えてはならない）、③防止義務（交戦国

(40)　同前書一三六頁。
(41)　前掲、加藤『天皇と軍隊の近代史』一七二頁。

が中立国の領域を軍事的に利用するのを中立国は実力をもって防止しなければならない）などの制約が課せられていました。中立国たるもの、交戦国による戦争に巻き込まれずに中立を謳歌したいのであれば、容認・回避・防止という義務を負って当然、との発想からきていることは見やすい論理でしょう。

（加藤陽子『天皇と軍隊の近代史』）

ようするに古い「中立」というのは、戦争している国々に対して、どちらにも肩入れしない立場を守るということですね。

加藤　そうです。しかし、第一次世界大戦の総力戦で経済制裁というものの効果を知り、一九二〇年に創られた国際連盟がこの経済制裁を活用するようになります。交戦国双方を平等に扱うのではなく、侵略国に対してだけ差別的に制裁を行う。しかもその際、加盟国は宣戦布告も参戦もせず、中立国の位置に留まり続ける。この発想にアメリカも乗ります。

奥泉　国際秩序の破壊や侵略行為に対しては、アメリカが黙っていませんよ、というわけですね。参戦しない中立国の立場のまま、経済制裁を武器にして戦争を抑止しようとした。経済制裁は二一世紀のいまでも有力な手段になっていますが、これはもちろんアメリカが世界経済に対するヘゲモニーを握りつつあるからできたことですね。日中戦争は一九三七り整ってくる。

(昭和一二)年七月に勃発するわけですが、その直前の五月には、アメリカの中立法はかな

加藤　はい。その内容は、①武器・弾薬・軍用機材の禁輸、②戦争状態の認定について大統領の裁量権を認める、③交戦国の公債・有価証券の取扱いの禁止、交戦国への資金・信用供与の禁止、④物資・原材料の輸出制限(現金・自国船主義による)など包括的なものでした。(42)このうち、②や③が日本を苦しめたのだと思います。

奥泉　宣戦布告をすると、アメリカ大統領がただちにそれを戦争と認め、中立法を発動されてしまうかもしれない。これによる不利益が大きいので、宣戦布告できない。

加藤　実際、外務・陸軍・海軍三省では、中立法発動の可能性についてかなり議論していきます。宣戦布告の有利な点についても検討されていましたが、結果的には中立法を回避する方を採ります。

奥泉　この背景を知っておくと、日中戦争の「新しさ」の意味が少しわかりますね。ようするに、一九世紀的な感覚では、国家は欲望のままに戦争をしてよかったんだけど、第一次世界大戦後は、パリ不戦条約などを経て、それが許されなくなった。戦争が禁止された

(42)　同前書一七九〜一八〇頁。

時代の戦争。だいぶ日中戦争の姿が見えてくる気がします。

加藤　アメリカは、やはり特殊な国で、国際連盟ができた一九二〇年にも連盟には加盟しませんでしたが、その独自の外交路線のモンロー主義なども、アメリカ固有の政綱であるにもかかわらず、他国を規制するものとして作用しますね。太平洋の通商秩序としての自由貿易を守るか守らないかの他国の行動を、制裁つきで制御できるという法律だと思います。

自然法を信頼していない

奥泉　日中戦争はもっと早く終わらせるはずだったけれど、うまくいかなかった。一撃で倒せると侮っていた中国は非常に強くて、むしろ日本軍は弱いというイメージさえできてくる。といっても、点と線とはいえ一定の勝利は得て日本軍は進撃する。しかし、この戦争を当事者はどうしようと思っていたのでしょうか。いろいろな立場の人がいろんなふうに考えていたとしか言いようがないんでしょうけど、出口といいますか、ようするにどう決着しようと思っていたんですかね。

加藤　とにかく、中国の対外政策を日本に都合のよいように変えさせる、中国の国家や社会を成り立たせている基本的秩序を変えようとした戦争でしたので、中国側からの絶対的な反発があるのは当然なのです。しかし、日本側にも同情すべき点はあって、中国を相手にして戦争をしていると思っていると、一九三七年一二月一日には、ソ連から中国に飛行機が供与され[43]、また操縦士もやってくる。そして英米からは借款というかたちで、資金援助もなされるようになるのです。以前の中立法では戦争をしている二国に差別的な振る舞いはしてはいけないはずですね。それが、中国の後ろにはソ連、英国、米国がついているという戦いになりました。中核となる軍隊の三割が死傷すれば、戦争は終局に向かうはずです。しかし、蔣介石は日中戦争に各国を巻き込む、いわば、戦争を国際化しましたので、なかなか終わらないのです。

奥泉　日本は軍事作戦を進める一方で、傀儡政権を打ち立てたり、政治的な打開をはかるが、うまくいかない。日中戦争から日米開戦までの過程を見ていくと、日本はいろいろな政治工作をするんだけど、ほとんど効を奏さない。交渉の相手側の反応や思考をうまく捉えられない。錯誤が重なっていった気がします。

加藤　やはり道理のない戦争、満州奪取が元にあるので、相手国の人心を収攬《しゅうらん》できないのですね。これは太平洋戦争になってからの話ですが、戦争が長く続きますと、敵国の出方

（43）　麻田雅文『蔣介石の書簡外交』上巻（人文書院、二〇二一年）六六頁。

というのでしょうか、相手国の政治家が考えることについて、日本の国民の中で的確な判断がつかなくなります。本書の中ほどに「ポツダム宣言」を掲載してあります。そこには、「日本国軍隊は完全に武装を解除せられたる後各自の家庭に復帰し平和的且《かつ》生産的の生活を営むの機会を得しめられるべし」と明記されています。要するに、軍閥などの責任者以外は武装解除しても殺されることはないとわかります。普通の徴兵された兵士は戦争が終われば家に戻れるのです。

ただ、戦争末期の日本国家は恥ずべきことを行いました。新聞は軍部の指示によって、ポツダム宣言のこの条項を隠して報道したのです。これを正直に書けば、国民の抗戦意識が鈍ると思ったからでしょう。為政者はこのようなことをやります。一方で、国民の側も、さすがに民族皆殺しはしないだろう、日本の男性は全て奴隷とされる、などということをやるはずがない、とは考えないのですね。いわば、「自然法」への信頼がなくなる。奴隷としたら、数十年後の日本人からの復讐を連合国は覚悟しなければならず、また奴隷を管理してどのような経済的な利益が上がるのでしょう。連合国軍がやってきても、外国人の軍隊には食糧が必要だから、百姓は殺されない、と腹をくくっていた農民の声が、当時の特高月報などに掲載されていますが、これが本来の自然な考え方ですね。

奥泉　それでも負けたら男は全員奴隷にされて、去勢されてしまうといったイメージがけっこうなリアリティーを持ってしまう。

加藤　自然法への信頼がないという不思議さは、あの丸山眞男が指摘しています。彼は東京帝大の助教授でしたが召集され、一九四五年七月、宇品の陸軍船舶司令部でポツダム宣言を聞きます。短波放送で耳にした、「ファンダメンタル・ヒューマン・ライツ」という単語に震撼する。(44)ポツダム宣言の第一〇項には、「吾等は日本人を民族として奴隷化せんとし、又は国民として滅亡せしめんとするの意図を有するものに非ざるも、吾等の俘虜を虐待せる者を含む一切の戦争犯罪人に対しては厳重なる処罰を加へらるべし。日本国政府は日本国国民の間に於ける民主主義的傾向の復活強化に対する一切の障礙《しょうがい》を除去すべし。言論、宗教及思想の自由並に基本的人権の尊重は確立せらるべし」と書かれていました。

連合国が述べているこの条項に、直ちに丸山が反応できたかといえば、そうではなかった。尾崎咢堂〔行雄〕が一九三五〔昭和一〇〕年五月、東大経済学部の学友会〔経友会〕の招きに応じて東大で講演したことがあり、それを丸山は聞いていた。そのときの驚きを丸山はこう回想しています。(45)戦時中の特殊な考えの中におりますと、もう普通の感覚を忘れ

(44)　丸山眞男『丸山眞男回顧談』上巻〔岩波書店、二〇〇六年〕二五四頁。
(45)　同前書一七〇頁。

てしまうのです。

電撃のごとくぼくを襲ったのは、愕堂が「われわれの私有財産は、天皇陛下といえども、法律によらずしては一指も触れさせたもうことができない。これが大日本帝国憲法の主旨だ」と言ったことです。ぼくは目からウロコが落ちる思いがしました。ぼくは社会主義の洗礼を受けているから、なんとなく私有財産というのは悪という感じでいるわけです。ところが、天皇陛下といえども、法律によらずして、私有財産に一指も触れることができないと言う。そういう議論は聞いたことはないのです。日本の左翼も私有財産攻撃でしょう。いかなる権力も侵すべからざる権利としての私有財産というのはヨーロッパ的ですね。なるほど、そういうものかと思ったので強く印象に残っています。愕堂というのは本当の自由主義者、数少ない自由主義者だと思いました。

(『丸山眞男回顧談』上巻)

私有財産が自然権だという発想に学生時代の丸山は大きなショックを受けていたので、ポツダム宣言のあの条項の基本的人権という自然権の発想が蘇った。このような経験や知識なしに戦争に突入させられた国民の頭には、このような人間社会の成り立ちについての信頼が浮かんでこなかったのではないか。

奥泉　ヨーロッパの自然権の感覚は、都市形成とともにできてきた社会関係のなかで醸成されたものですからね。国家の法とは水準が違う。近代日本のように、国家が対外緊張と戦争を通じて国民を創成するシステムでは生まれてこない。対立をはらんだ社会関係の経験がないと難しいんだと思います。所有権にしても、「お上」から与えてもらうのではなくて、個人が水平的な社会関係のなかで、互いの占有や処分権を認め合うことで成立してきたるものですからね。

「もやもや」が消えてゆく

加藤　軍部というものが、度しがたい集団だということは、次のような内部資料からも察せられます。一九四四（昭和一九）年九月二五日に陸軍省軍事課が作成した「最悪事態ニ処スル国防一般ノ研究[46]」には、最悪の事態で何が起こるかということについて、①米兵の日本本土駐兵、②陸海軍の武装解除・兵器製造の中止、③天皇制廃止・民主政体の施行、

（46）「JACAR（アジア歴史資料センター）Ref.C14060841500、国防大綱関係重要書類綴　3／5　昭和19・9・8〜19・12・24（防衛省防衛研究所）」

が書かれていて、ここまでは、まあ予想としては当たっています。しかし、次がひどい。降伏をする際の最初の条件はそれほど不利なものではないだろうが、「大坂冬の陣、夏の陣の経緯の如く」条件は悪くなり、④「大和民族の滅亡を図る、之が為大和民族男子の支那、アフリカ、インド、ニューギニアへの奴隷的移駐、反面、朝鮮、支那民族の日本大量移駐」が図られる、との文章が出てきます。もし、レイテ島などフィリピン決戦に敗北すれば、どうなるか。その最悪予想は、このようなものでした。だから、フィリピン決戦で敗退しても、講和を乞うてはならず、絶望的でも本土決戦を挑む、との結論が導かれています。

奥泉　戦争の敗北が、体制の変革にとどまらず、民族の滅亡、国民の殲滅《せんめつ》とただちにイメージされる。それも国家と国民のあいだに社会というものがなくて、国家に直結する国民しかいないからですよね。

加藤　軍それ自体、あるいは軍が説明してきたような「歴史」に親和的な考え方を持つ圧倒的多数の国民が一方にはあり、他方には丸山のような原体験をもつ人々がいた。ずいぶん大きな分断がありました。

奥泉　その分断は激しいな。何度も言うようですけど、これはやはり国民をどう創生してきたかという問題に帰結する。とりわけ昭和以降は、ほとんど戦争する機械の部品みたいな形で国民をつくっていこうという発想ですから。ポツダム宣言に謳われているような、自然法が前提としている自由な個人などは存在しないことになっていますからね。

加藤　明治初年から中期までの、福沢諭吉が願ったような「教育が国民をつくる」という方向ではなく、日清・日露戦争後に進展した国民国家化を眺めていますと、「戦争が国民をつくる」という方向をたどっているように見えます。

奥泉　最初は両方あったんだけど、後者だけになってしまった。たとえば徳富蘇峰のような人にも、教育を通じて、自立した市民、国民をつくらなければ国家は成り立っていかないのだという発想が初期にはあったんですよね。しかし、それが端緒についたところで日本は帝国主義の渦中に放り込まれてしまった。いわば促成栽培的に国民を創成する必要があった。そこで天皇制と軍隊が前面にせり出てくる。加藤さんもどこかでお書きになっていましたが、歴史というものに日本国民が参画していく、そのツールは戦争しかないということになっちゃったんですね。

加藤　それは、半藤一利氏や保阪正康氏などとご一緒した『あの戦争になぜ負けたのか』という座談会本に所収されている「戦争を決意させたもの」という掌篇に私が書いた文章ですね。明治維新によって近代日本の繁栄の基礎が築かれ、その後は国民皆兵による軍隊が日清、日露戦争に勝利して……という歴史観は、軍部だけでなく、ある程度まで知識人層からの支持もある。

そのような歴史観が根づいていた昭和戦前期にあって、まずは、既成政党が私的利害を代表する勢力として斥けられます。そして、第二次近衛内閣期の大政翼賛会に至る動きのなかで、当初は国民組織あるいは新党のようなものを作って、軍事と政治を一体化させることによって軍事の部分に統制をかけようとの目論見もあった近衛新体制運動は、「幕府論」として斥けられる。江戸幕府が倒れたのは、文武の大権を天皇から奪ったうえで、両方を握ろうとしていたからだ、という過去の失敗の歴史を持ってきて、現時点での近衛内閣批判に使おうとする。

私の書いたものからの引用で恐縮しますが、「歴史と国と自己を同一化させ、自らが新しい歴史にたちあうとの自己イメージをもつ者に、もっとも近く寄り添っていたものが軍の歴史認識であった(47)」ということです。

奥泉　軍が戦争によって歴史を切り開いていくのである、と。国家が戦争を行う、そのことが新しい歴史を築いていくのだ、というイメージの中で国民が動員されていく。党利党略の泥沼のなかで議会が信頼を失う一方で、国民は、天皇を大元帥としていただく軍隊に、いわば白紙委任のようなかたちで自分らの運命を委ねる。軍とともに自分たちが歴史の先頭に立つことを期待する。それが日米戦争につながっていくわけですね。日中戦争のときは皆なんとなくもやもやしていて、これがはたして本当に歴史を切り開く戦争なんだろうかと疑問に思っている。

加藤　日中戦争までは、国民の中には「もやもや」がまだあります。

奥泉　それが一気に日米戦で消えてなくなる。多くの人が一九四一（昭和一六）年一二月八日の朝の爽快感を書いていますよね。

加藤　竹内好は「歴史は作られた。世界は一夜にして変貌した。われらは目のあたりそれを見た。〔中略〕われらは、わが日本国と同体である(48)」と書いています。

奥泉　高村光太郎の有名な「世界は一新せられた。時代はたった今大きく区切られた。昨日は遠い昔のようである(49)」とかね。多くの人が似たような感想を記している。歴史の先端に立っているという感覚ですね。いま想像してみるに、ほんとうにそうだったんだろうなとつくづく思うんですよね。言葉をもつ階層の人たち、たとえば日中戦争の意味を考え悩

(47)　加藤陽子「戦争を決意させたもの」半藤一利ほか『あの戦争になぜ負けたのか』（文藝春秋、二〇〇六年）二六七頁。
(48)　竹内好「大東亜戦争と吾等の決意（宣言）」『中国文学』八〇号（一九四二年一月一日）。
(49)　高村光太郎「十二月八日の記」『中央公論』一九四二年一月号。

んでいたような人たちは、とりわけ爽快に感じたんでしょう。緒戦で勝利もしていますしね。しかし「言葉をもたない」人たちがどうだったかというのはなかなかわかりにくくて、そこは小説家である私のひとつの課題です。

対米開戦の裏側

奥泉　では、いよいよ話を日米開戦に進めます。知られているように、アメリカと日本ではGNPに大きな開きがあった。鉄鋼生産や船舶数とかも桁が違う。しかも石油をはじめ軍需物資の多くをアメリカに依存していた。つまりどう考えても勝ち目がないと思うのが普通で、いまから見ると、あまりにも無謀な戦争にしか思えない。それがどうして開戦することになったのか。考えていきたいと思います。

日中戦争の膠着《こうちやく》状態が続くなか、アメリカは日本に強いプレッシャーをかけてくる。それに対する日本側の応答の一つが、さきほどお話に出た南進論だったわけですよね。南方地域を自分のブロックに取り込むことによって、戦争を継続できる自給体制を確立するとともに、アメリカ、イギリス、ソ連が蔣介石政権を支える輸送通路、援蔣ルートを遮断する。一石二鳥の作戦です。そのことによって中国問題も解決できるのではないかと、軍も官僚も考えた。

加藤　結局、もう一つ、戦争を始めることで、最初の戦争を解決してしまおう、との発想が出てきていました。いまから見れば、中国大陸に足を踏み入れた日本が、どうにもならない泥沼に捕らわれてしまったうえで、なぜ対英米戦争も始めてしまうのか、と考えてしまいますが、どうも当時の多くの人間の感覚は違う。

先ほど、波多野論文をご紹介した話で、参謀本部謀略課長の臼井茂樹の考え方を見ました。彼は一九四〇（昭和一五）年七月二六日の「世界情勢ノ推移ニ伴フ時局処理要綱」（「処理要綱」と略）の陸軍側原案を書いた人です。この発想は、世界経済が幾つかの地域ブロックとして固まるのが不可避なら、先手を打って日本は南方に進出して、日中戦争にも決着をつける、という考え方です。彼らの頭の中では、あくまで更なる二正面作戦を強いられる、という認識ではなく、長期消耗戦を戦うための「先手」なのです。フランスやオランダを宗主国としている東南アジアの植民地を、第二次大戦に参戦せずに、ドイツから融通して貰う、そのための「装置」が「大東亜共栄圏」という言葉であったと説明しました。一九四〇年九月の近衛首相のラジオ演説「重大時局に直面して」の肝も、日中戦争解決には、世界の旧秩序の打破によるしかない、という考えでした。

奥泉　それで実際、一九四〇年の九月に北部仏印（フランス領インドシナ）に進駐し、日独伊三国同盟に調印する。「大東亜共栄圏」の評語の下、「先手」を打って東南アジアを手中に収め、事態の打開をはかろうという方向に大きく舵を切る。もちろんこれは陸軍だけの方針ではないですよね。

加藤　そうです。資源がない日本が、いかに長期消耗戦を生き残るかといった場合、たしかに一つの「解」ではありました。これも少しだけ前の部分で触れましたが、蔣介石が日中戦争という、本来は二国間の戦争を「国際化」した。ソ連からは飛行機や操縦士を、英米からは借款を獲得して抗日戦争を行っている、だから、ということで、日本側としては、この援蔣ルートを遮断するために、英仏に圧力をかけていたという側面もあります。

事実、日本外務省は一九四〇年六月、ビルマ・香港を通じた援蔣ルートの閉鎖を英国に、仏印を通じた援蔣ルートの閉鎖を仏国に要求します。英国は屈服し、同年七月、ビルマ・ルートの三カ月閉鎖を決定しました。フランスもまた、六月二二日にはドイツの電撃戦（四〇年五月のフランス・ベルギー・オランダへの急襲）の結果、対独休戦協定を締結、つまり降伏しましたので、あとは、現地の仏印総督と日本の交渉となっていきます。この裏面で行われた軍事行動が、一九四〇年六月から九月の北部仏印進駐でした。翌年六月～七月に同じ名前の仏印進駐がありますが、この南部仏印進駐は、主要港と飛行場を制圧した作戦で、南方作戦の基地を得る目的ですから、全く性格が異なります。北部仏印進駐段階は、援蔣ルートの遮断という、日中戦争「解決」の一つの方策でありました。

奥泉　一九四〇年の北部仏印進駐は援蔣ルートの遮断に力点があり、四一年の南部仏印進駐は、端的に南方地域を軍事的に支配するための行動だったと。

加藤　アメリカ側としては、一九四〇年の北部仏印進駐の時期には、ドイツと戦う国が地球上にイギリスだけになった頃ですから、大変な焦燥感に駆り立てられる。また、翌四一年の南部仏印進駐の時期は、ちょうど、六月二二日にスターリンの予想を裏切って独ソ戦が始まり、準備のなかったソ連軍が押された時期ですので、アメリカとしては、またまた、なんとかしなければ、と考える。

奥泉　アメリカはややピンチだったわけですね。

加藤　「抑止」、ということを考えれば、アメリカ側の対日禁輸という方策は、ある意味、最終的な方策ですので、この使い方、使う時期については、本来は慎重さが必要だったと思います。

奥泉　日本を戦争に追い込んでしまったという意味では、アメリカの失敗だったともいえる。

加藤　はい。日本側の国策は米ソ側には、筒抜けだったはずですね。よく知られた「マジック」という日本の機密電の解読文書や、赤軍第四部のスパイ・ゾルゲなどの諜報によって裸にされていた。ということとは逆に、日本のレッドラインはどこかという発想は、米国側にはあったはずです。全面禁輸などすれば、日本側に開戦の口実を与えるだけ、との自覚はハル国務長官やローズヴェルト大統領にはありました。

日本の南進とアメリカの全面禁輸

加藤　そこで、一九四〇年七月二七日に大本営政府連絡会議で決定された「世界情勢ノ推移ニ伴フ時局処理要綱」の第二条と第三条に書かれていた、日本が南方に対して武力行使する場合の要件が問題となります。南方作戦の遂行に責任をもつ海軍側がいう、南方への武力行使の限度は実質的には蘭印（オランダ領東インド）までしか武力行使をしないことになっていて、表面的な南進政策という看板と、裏面の実態がズレていました。

奥泉　イギリスの植民地であるマレー半島などは攻めない。ドイツに降参したオランダ領だけにしておく、と。

加藤　模式的な表現で、処理要綱の武力行使の要件など押さえておきます。まず、一九四〇年八月二九日に海軍側が認めた武力行使要件は、大きく二つの場合で分かれていました。まずは、Aの場合。このAというのは私がつけた便宜的記号です。

A日中戦争中であっても帝国の存立上必ず武力行使を行う場合。その下にまた二つの場合がありうる、と書かれています。a米国が全面的禁輸を断行して第三国もこれに応ずる場合。b米英共同もしくは単独で日本に対して圧迫を加える企図が明らかであり、日本の国防の安危に関わる太平洋上の現状変更があった場合、などです。

そして、B好機到来により武力行使を行う場合があります。この下にもまた二つの場合がありうる、a米が欧州戦争に参加し、東洋の事態に対応しうる余力が小さくなった場合と、b英の敗勢が明らかとなり東洋に対する交戦余力が小さくなり、英の領土に侵出しても英援助のために米国が乗り出す可能性が小さい場合、です。

注目したいのは、この条件づけの特徴です。Bで、「好機」の解釈をきわめて狭く限定し、武力行使の可能性を低く設定しておく一方、Aで、アメリカと第三国が対日全面禁輸を行えば武力行使に訴えるとしていた点です。つまり、アメリカにもう一つの国が呼応して全面的な対日禁輸を行う場合には、武力行使する、と実質的には書かれています。対日全面禁輸というのは、日本側にとって、このくらい重い位置づけでした。

奥泉　アメリカに全面禁輸されたら石油が入ってきませんからね。海軍としてもやるしかない、と。それで日米交渉を進めていくんだけれども、アメリカも中国問題に関してはそう簡単に妥協できないので膠着する。そんななかで独ソ戦が始まります。アメリカとしては、とにかくドイツに勝たせちゃまずい。だからソ連に頑張ってもらいたい。ソ連が負けてドイツの後背地になっちゃったらえらいことだというイメージがあったわけです。

加藤　はい。ですから、一九四一年六月二二日の独ソ戦勃発後の、ソ連軍が大崩壊した期間は、アメリカ側は生きた心地がしなかったはずです。四一年七月の日本の南部仏印進駐に対して、アメリカが全面禁輸の挙に出た理由は、やはり、ソ連への梃子入れだったのではないか。アメリカの歴史学者ハインリックスは、このアメリカの行動の裏面に、対ソ連支援の緊急性を見ています。(50)

奥泉　日本を強く牽制して、ソ連に向かわせない、北進させないということですね。

加藤　そこですね。ソ連がこの時点でやる気を喪失して万が一にもドイツと講和などしてしまったら困るのです。ソ連にはどうしてもドイツの正面で戦ってもらわなければならない。大木毅さんの『独ソ戦』(51)がベストセラーになりましたが、そこに克明に描かれた独ソ戦というのは、戦場としては「地獄」なのです。第二次大戦は、多くの戦場から構成される戦いでした。そのうちの二つ、日中戦争と独ソ戦争は、中ソともに退却できる無限の後背地を持つ国でしたから、戦争の泥沼化はある意味で想定の範囲内となります。しかも、大戦の帰趨《きすう》を決したのは、英米から中ソへと物資を運ぶ海上輸送を日独伊の陣営がいかに効果的に遮断できるかの成否でしたから、中国、そしてソ連もまた、連合国全体の勝利のための「供物」、犠牲であったという見方もできます。(52)

奥泉　国際政治の実に暗黒な部分ですね。

河出新書

加藤　独ソ戦をやらせておけば、また日中戦争をやらせておけば、英米側としては、当面自分たちの血が流れない。

奥泉　なるほど。そういう国際政治の力学のなかで日本は南進に突き進んだ。そこに読み違えがあって、アメリカはそんなには制裁してこないだろうと踏んでいた。逆にアメリカは制裁をしても日本は戦争をしかけてこないだろうと。双方ともに読み違えですね。

加藤　まさにそうです。日本側とくに陸軍は、一九四一年七月の南部仏印進駐でアメリカ側が全面禁輸に相当する制裁をやるとは予想していませんでした。これは、「処理要綱」を執筆した人々、戦争指導班の日誌からわかります。七月二五日の業務日誌に[53]「当班仏印進駐ニ止マル限リ禁輸ナシト確信ス。大統領日本国内動員ヲ南進ト誤認シタルカ」と書き、

(50)　ウォルドー・ハインリックス「「大同盟」の形成と太平洋戦争の開幕」細谷千博ほか編『太平洋戦争』（東京大学出版会、一九九三年）一六四頁。
(51)　大木毅『独ソ戦』（岩波新書、二〇一九年）。
(52)　ベルトホルト・ザンダー＝ナガシマ「日独海軍の協力関係」工藤章・田島信雄編『日独関係史Ⅱ』（東京大学出版会、二〇〇八年）二三〇頁。
(53)　軍事史学会編『大本営陸軍部戦争指導班　機密戦争日誌』上巻（錦正社、一九九八年）一三七頁。

翌日二六日条には、「当班全面禁輸トハ見ズ。米ハセザルベシト判断ス」と書き、結局、後日、この条の上欄に赤字で「本件第二十班ノ判断ハ誤算アリ。参謀本部亦然リ陸軍省モ亦然リシナリ」[54]と誤りを認めて弁明しています。

覆される従来の説

加藤 少し遡って、日米諒解案の話をまとめてしておきます。

奥泉 最終的には決裂してしまう日米交渉の具体的な経過ですね。お願いします。

加藤 一九四一年四月一六日、日米両国の政府関係者・民間人有志による事前協議で準備された日米諒解案を、国務長官ハルから駐米大使野村吉三郎に手交したことで始まった日米交渉は、同年一一月二六日、ハルが野村に手交した所謂「ハル・ノート」をもって幕を閉じます。

近年急速に進展したインテリジェンス研究の成果からは、暗号を解読していたのはアメリカ側だけだったのではなく、日本側も「解読可能だったアメリカの外交電報は全て読んでいたという前提で、研究史の再構築が図られねばならな」[55]くなってきています。

奥泉 そうなんだ。それだとだいぶイメージが違ってきますね。

加藤 また、海軍の軍令部などは、非常に解読されにくいコードを用いた機密電報を、外務省とは別に、駐米大使の野村吉三郎に宛てて出していますね。海軍大臣・次官・軍令部次長など三者の合意の上での指示を、外務省の電報とは別のルートで野村に送っている。日本側が日米諒解案をアメリカ提案だと思い込んで、非常に好感して前のめりになり、後から日米双方の実務者が摺り合わせた提案だと判明して、交渉は失敗した、という古い理解は誤りです。実務者の摺り合わせだということを海軍首脳が自覚している電報などが、国立国会図書館の憲政資料室の野村吉三郎文書に入っていたのです。ご存じのように野村は第三艦隊司令長官も務めた海軍の提督です。海軍上層部は野村に対して、日独伊三国軍事同盟をほぼご破算とするような内容で対米交渉を進めよとまで言っている。

奥泉　そのあたりも従来言われてきた説とは全然違いますね。

加藤　一方アメリカも、ハル国務長官などは、石油の全面禁輪を行うことは、日本内部の強硬派にアメリカ非難の絶好の口実を与えてしまうと警戒し、また、スターク海軍作戦部長もまた「禁輸は日本のマラヤ、蘭印攻撃を早めアメリカを太平洋で参戦させる。アメリ

(54)　同前書一三八頁。
(55)　森山優「戦前期における日本の暗号解読能力に関する基礎研究」『国際関係・比較文化研究』三巻一号（二〇〇四年）三三三頁。

カは太平洋で参戦するにしても日本が対ソ戦をはじめるまで待つべきである」との考え(56)で、慎重でした。それが全面禁輸になったのは、ソ連への支援だったということは、先にお話ししました。

奥泉 なるほど。で、そこでさっきも話したように、双方に読み違いがあって開戦になってしまう。真珠湾攻撃がなぜ奇襲になったかという問題をめぐっては、ローズヴェルトがわざと「だまし討ち」になるように仕組んだとか、海軍は「だまし討ち」をするつもりはなかったのに、在米日本大使館のミスでそうなっちゃったとか、いろいろなストーリーがあって、しかしいままでは、奇襲攻撃をすることを前提に日本側が計画を進めていたことが明らかになりつつある。野村吉三郎が独断で諒解案を出したのが失敗だったという説も覆っているわけですね。

加藤 はい、そうです。諒解案が野村の自作自演で、それが対米交渉失敗の要因(57)というのは、やはり、駐米大使の座を海軍軍人にとられた外務省の反発もありますね。野村は米内内閣の外務大臣の時、貿易省設置を唱えて、外務省通商局なども敵にまわしていた。いちばん大きかったのは、極東国際軍事裁判の時、開戦と終戦ともに外相であった東郷茂徳についていて、外務省側が東郷を守るのを絶対としたからだと思います。東京の外務省からの開戦意思を伝える電報を、ワシントンの日本大使館がもたもたしていたために解読が遅れ、不名誉な奇襲、だまし討ちと言われた、というストーリーが作られました。

奥泉　このあたりは長らく通説でしたよね。

加藤　しかし、この野村無能説も、在米大使館の不始末説も、共に現在では否定されています。まず野村は、駐米大使として赴任する前の一九四一年一月に覚書「対米試案」を書いて、日米間の紛争の中心に日中問題があるとし、パネー号事件以降蓄積した米国の不満を緩和する必要性などを説いていた(58)ような人物でした。

また日本大使館不始末説については、当時の在米日本大使館参事官であった井口貞夫の子息で同じく元外交官の井口武夫氏が『開戦神話』(59)という本で、在米大使館に問題はなか

(56)　福田茂夫「アメリカの対日参戦（一九四一年）」日本国際政治学会太平洋戦争原因研究部編『太平洋戦争への道　7　日米開戦　新装版』（朝日新聞社、一九八七年）四〇一頁。

(57)　このような説明がもはや通じない点について、史料から解明したものに、ピーター・モーク（Peter Mauch）が日本語で書いた論考「日本海軍と昭和一六年の日米交渉：新史料紹介」『立命館国際研究』二一巻二号（二〇〇八年一〇月）がある。

(58)　野村「対米試案未定稿　一六年一月一三日」「野村吉三郎関係文書」七六八（国立国会図書館憲政資料室）。

(59)　井口武夫『開戦神話』（中公文庫、二〇一一年）。

ったこと、真珠湾への空母群による奇襲作戦を成功させるためという、陸海軍の強い要望に外務本省が折れ、当該電報は東京で差し止められていたことを明らかにしました。

また野村については、ピーター・モークという研究者が野村吉三郎の文書を使って、良い伝記[60]を書いています。

奥泉 このあたりはどんどん変わっていくから難しいですが、古い物語を打破して、歴史像を更新していく必要がある。でないといつまでも「神話」から逃れられない。

加藤 一九四一年七月二五日、アメリカは、日本の在米資産凍結を発表し、八月一日石油の全面禁輸に踏み切ります。しかし、この後も、ローズヴェルトやハルなどは、日本側近衛首相との洋上会談や、暫定協定案などを提案して、とにかく、さまざまな可能性に最後まで賭けていたというのが、近年の各国の外交文書を読んできた研究者が一致しているところです。

日本の勝算?

奥泉 日本は資産を凍結されて、石油を禁輸される。このままじゃジリ貧だというんで開戦に踏み切る。しかし一〇〇パーセント勝てないなら戦争をするはずがない。やはり少しは勝算があったわけですよね。

加藤　勝算はあったはずです。アメリカ海軍の対日作戦計画であり、一九二四（大正一三）年から公式の対日侵攻作戦計画となった各種のオレンジ・プランについての本[61]を読んでいて驚いたのは、いつまでも戦争が継続できる国と世界から見られていた米国でも、望ましい戦争の期間は二年という想定であったことです。

アメリカの国富が戦争を果てしなく続けさせうることも、従順な日本人が指導者の命ずるままにいつまでも戦うことも、どちらも疑念の余地がないならば、問題となるのは、アメリカ国民の忍耐であり、それは時間的に限られていて二年が限度と考えられていました。[62]一九四五年以前に作成された唯一の対日全面戦争に関する想定が、一九二八年一月に作成されますが、そこには、われわれは長期戦を覚悟しなければならない。しかし、できるだけ、短期間に勝利を獲得できるよう作戦行動をとるべきであると書かれています。そのうえで、動員可能な短期決戦の期間が、動員日から二年という設定であったことです。アメ

(60)　Peter Mauch, *Sailor Diplomat: Nomura Kichisaburo and the Japanese-American War.* Cambridge(Massachusetts) and London: Harvard University Asia center, 2011

(61)　エドワード・ミラー、沢田博訳『オレンジ計画』（新潮社、一九九四年）。

(62)　同前書一六六頁。

リカにとっても望ましい戦争が、せいぜい二年と想定されていたことは注目に値します。

奥泉　アメリカは二年以上は戦争できない、と。ということは、二年以上の長期戦に持ち込めば、日本にも勝機はある。

加藤　はい。真珠湾攻撃という、ある意味で奇怪な作戦を山本五十六連合艦隊司令長官が作った時に軍令部は驚きますが、とにかく、二年間、アメリカが太平洋方面に反攻してこられないような作戦には意味があろうと。二年あれば、南方の石油資源地との間を海上輸送するだけの態勢を整えられる。

英米にとっては、対独戦勝利がいちばん重要であったので、英国は欧州と大西洋での米軍の協力を請うため、太平洋方面の戦闘は後回しということが英米間では協定されていました。しかし、米国は奇襲の衝撃もあったものか、一九四二年四月、空母に搭載するのに戦闘機ではなく、B25爆撃機を搭載して対日空爆を企図します。

奥泉　ドーリットル中佐率いる爆撃機隊が東京や名古屋、神戸などを空襲する。

加藤　はい。一九四二年四月一八日、空母に艦載された米陸軍機による日本本土初空襲でした。これが日本にとっては一大衝撃でありました。なぜなら、四一年一二月からまだ四カ月しかたっていないのです。

奥泉　二年はこないと思ったら四カ月できちゃった。

加藤　これが一九四二年六月ミッドウェー海戦につながってゆく。亀の子で防御態勢を整え、南方の油田地域との間を防衛する、という構想は、放棄されます。日本側は天皇が居住する「帝都東京」を空襲されたことに衝撃を受け、前方に出て、これに反撃を加えようとしてしまった。本来は、四一年一二月のハワイ・マレー作戦の成功後の陸海軍の作戦を摺り合わせて、調整しにかかる必要があった時期でした。本来は、亀の子のかたちになって、守ればよいはずなのです。

奥泉　のちの「絶対国防圏」くらいでいいんですよね。いわゆるドーリットル空襲が心理的に大きな影響をもったんですね。

加藤　山本五十六は賭け事が好きだったと聞きますが、博打打ちに徹すればよかったんですね。本土に襲来したのは偶々《たまたま》だと。

奥泉　被害も大したことなかったわけですしね。ここは博打うちだったら見《ケン》ですよ。勝負に出ないで待つべきだった。ところが至尊のおわす帝都が攻撃されたっていうんで動揺したんでしょうか。いずれにしても、開戦時点では、一年半から二年はアメリカは来ないはずだと思っていた。もちろんこっちから攻めてワシントンを占領するなんてことはできない。けれども一年半から二年の間、南方の石油を押さえて持久すれば、アメリカはやる気がなくなるだろう。人種混合国家であるアメリカはそんなに一枚岩であり続けられないはずだ。そういう読みははずれてしまった。

加藤　真珠湾攻撃の後についての構想が陸海軍でまとまっていなかったのも大きいです。緒戦の勝利に引き摺られた陸海軍は、それぞれ、海軍がオーストラリア侵攻へ、陸軍がビルマ占領からインド・インパール方面への侵攻へと当初の計画を拡大させます。極東根拠地の確保、南方油田地帯の確保といったつつましい作戦目的では終わらなかった。また、開戦後着手するはずの独ソ講和斡旋は、一九四二年三月の段階で、見送られます。まずは、イギリス側を連合国から脱落させて……という発想はうまくいきません。

奥泉　武田信玄が言うように、勝ち過ぎはよくないんだな。真珠湾奇襲も、後の目から見ると失敗だったといえますね。リメンバー・パールハーバーというわけで、アメリカの人々が戦争にやる気を出してしまった。二年を超えて太平洋での戦争を継続させることになってしまった。で、とにかく日本としてはアメリカが極東に手出しをしないという状況をつくりたい。アメリカ艦隊が一年半は極東へ出て来られないというのが一つの条件。もう一つはドイツが欧州で勝利すること。この二つの条件が整えば、アメリカは日本と妥協せざるをえないだろう、と。日本の中国に対する権益、あるいはブロック化させつつある南方の権益を、いろいろ条件はあるにせよ、アメリカがある程度認める形で決着するだろうというのが日本側の読みですね。

開戦回避の可能性とテロの危険性

加藤　少し話は前にもどりますが、日本側は、日独伊三国軍事同盟を無力化すれば、日米交渉はまとめられると見ていたと思います。海軍上層部はなかなかに狡猾《こうかつ》です。米国は、ドイツからの攻撃に対して応戦するとすれば、その時に太平洋方面で日本に参戦されるのは避けたい。そのような場合、日本側は同盟の解釈として、米国が自衛というかたちで反撃する対独戦ならば、日本に参戦義務はなくなるので米国は安心してよい、と米国側に実質的に囁《ささや》いている。これが第三次近衛内閣期の豊田貞次郎外相（この人は第二次近衛内閣の海軍次官）が行っていた三国同盟の無力化作戦でした。同盟によって参戦するかしないかは日本側が決定できるという考え方を囁きます。

奥泉　なるほど、たしかに狡猾だ。軍事同盟を日本はドイツと結んだけれど、ドイツとアメリカが戦争しても日本は必ず参戦するわけじゃありませんからと、そっと耳打ちして交渉を進めようとした、と。

加藤　まさに。日米開戦までの交渉の内実にはなかなかに深いものがあります。まとめますと、一九四一年四月からの交渉期間を通じて、日米間で話し合われた問題は、①太平洋（中国を含む）における通商無差別問題、②三国条約の解釈及び履行問題、③中国・仏印からの撤兵問題の三点であり、①と②は交渉の過程で歩み寄りがみられ、③の撤兵問題が最後の懸案として残されました。
ここで、中国に関係する案件をまとめておきましょう。

奥泉 お願いします。アメリカ側の中国についての基本方針は、四一年四月のハル四原則に示されていて、これが譲れない線として一貫して主張されるんですよね。中身は何でしたっけ？

加藤 一、領土の保全及主権の尊重、二、内政不干渉、三、商業上の機会均等と平等原則、四、太平洋の現状の不攪乱。この四つです。

一九四一年四月から七月まで、松岡洋右が外相として霞ヶ関の主人であった時期には、ハル四原則の存在を自覚しながらも、とにかく、蔣介石を日本との交渉のテーブルに着かせたい、その説得役を米国に振ろうとの考えがありました。アメリカが中国の援助をすべて止めるといえば、中国は日本との交渉に応ずると考える。よって松岡外相は米国に対して強く出ます(63)。

しかし米国側は、日米交渉を阻害しているのは松岡外相だとして、事実上の外相更迭を要求します。この要請に従って第二次近衛内閣は、一九四一年七月一六日、松岡を更迭し、代わりに第三次近衛内閣の外相には、先にも登場した豊田を就任させます。八月二七日には近衛メッセージを発出し米国とのパイプをつないでいました。米国側は、日米交渉に関して、六月二一日に米国側が提案した内容への回答を求めるとして、日本側に対案を求めます。これが九月六日の御前会議決定「帝国国策遂行要領」[64]に付随する別紙「対米（英）交渉ニ於テ帝国ノ達成スヘキ最少限度ノ要求事項」でした。ですので、日本側も、四一年九月の時点では、まだ日米交渉をまとめる気があったのは確実です。

奥泉　日米開戦の三カ月前ですね。

加藤　それでは、米国側の六月二一日案をまずは見ておきましょう。要点は次のとおりでした。大統領は日本が基礎的要件に同意すると声明すれば、停戦交渉の席に着くよう中国政府に慫慂《しょうよう》する。その要件としては、日中間で早期に締結される協定による撤兵、非併合、無賠償、「満州国に関する友誼的交渉」であると。そして、大切なこととして、中国についての防共駐兵については今後協議したい、と書かれていました。米国側も、日本側が最初からテーブルに着けない問題である満州国の問題、中国からの撤兵については、外してくれていたわけですね。だから、九月六日に回答する気にもなったのだと思います。

（63）外務省編纂『日本外交文書　日米交渉』上巻（外務省刊、一九九〇年）一六頁。一一番文書。駐ソ米国大使への提案。

（64）前掲『太平洋戦争への道　開戦外交史　別巻　資料編　新装版』五〇八〜五二三頁。

奥泉　なるほど。つまりこの段階では開戦を回避する可能性があった、と。しかし、実際に避けられたかどうかと問うたとき、国民のエネルギーという問題が出てこざるをえない。妥協するにしても、少々日本に有利な条件くらいでは世論が納得しない。具体的には「弱腰」を糾弾する主戦派テロリストがいて、それを支持する一定の層がいて、テロの危険は非常にリアルに当時はあったということもある。いまはそこがなかなか見えにくいけれども、その圧力は間違いなくあった。日米開戦に際して、多くの知識人が爽快感を得ているのを見ると、もはや流れは押しとどめがたく見える。むしろ国民一丸となってアメリカと戦争を始めたというふうに見えますよね。言葉を残していない庶民がどう思っていたかはよくわからないけど、少なくとも、中間層ともいうべき、一定の言葉をもつ人たちの多くがアメリカとの戦争を選択したように思えます。

当時アンケートをとったら開戦派が圧勝したんじゃないですか。国民投票で戦争をするかしないか決めましょうとなったら。これはもちろん国民に正確な情報が伝えられぬまま、軍の宣伝だけが一方的になされて、批評が封じられていたことが前提にあるわけですが。

加藤　そうですね。九月六日の御前会議以降も、日本の中枢では、議論が割れていました。

奥泉　一〇月一八日に首相が近衛から東条英機に代わる。これで開戦は決したかと思われたが、開戦回避を望む天皇や宮中は、むしろ東条が陸軍を抑えてくれることを期待した。

東条も天皇から言われて承詔必謹、参謀本部などが一刻も早い開戦をじりじりして待つなか、議論を継続する。

加藤　米国の提案に乗るべきだとする交渉継続論者の弱点は、東条英機陸相（四一年一〇月一八日から首相）と統帥部が、頑なに、ハル四原則を受け入れ難いものとしたほか、中国・仏印からの撤兵を拒否したところにありました。ハル四原則と撤兵という点での対米譲歩は難しかったのです。

一方で、即時開戦派の弱点は、英米二国を相手に武力戦をして勝てるかどうか天皇を説得するのが難しかったところにありました。二つの議論は拮抗しますが、一一月二六日、東条内閣の外相となった東郷茂徳が米国に提案した暫定協定案に対して、これを全面的に否定したハル・ノート（中国および仏印からの撤退、満州国と汪兆銘政権の否認、三国同盟の破棄、を要求）が送られたことで、即時開戦派が勝利したのだと思います。

日本的「空気」という謎

奥泉　こう見てくると、やっぱり情報のコントロールというのが非常に大きな問題だと思えます。さっきから何度も話に出ているとおり、満州事変以来、情報は国民に正しく伝えられてこなかった。マスコミも軍の宣伝機関みたいになっちゃった。それ以前に、一部の新聞などは、軍以上に国民を煽っていたりする。そうした情報操作の中で、とりわけ文学というものが利用された。これは小説家としてはなにより見逃せないところです。

たとえば、加藤さんがどこかに書いていらっしゃったけど、「玉砕」という非常に文学的な言葉でもって戦争が語られた。ただ全滅しているだけの話なんだけど、「玉砕」の言葉で悲惨な事態が文学的に飾られる。

加藤　斎藤勇《たけし》という英文学者が、南原繁著作集の月報で述べていたことですが(65)、東大教授の文学者であって、自由主義者だと思われていた人が、ある日、斎藤に向かって「鬼畜米英」という言葉をつくったのは自分だと述べて、パンフレットは二万部売れたと自慢していたといいます。そのような心根になるものでしょうか。

奥泉　どうなんでしょうかね。でも、かりに同じ状況に置かれたとして、自分だけはそんなふうにはなるはずないと、軽々しくは言えない気がします。自分がその「自由主義者」と同じようになる可能性は絶えず念頭に置いておく必要があると思います。とにかく議会が見限られるのと並行して軍が国家運営の中核にのし出てきて以来、ずっと火に油を注いできたわけですよ。国民が好戦的になるように。文学を利用して。それがとうとう烈しく燃え上がって、あわてて消そうにも消せなくなって、国家という母屋まで燃えてしまった。なぜあの無謀な戦争になったかということの一つの説明として、私はそういうイメージをもっています。

加藤　それで合っていると思います。

奥泉　戦争はできないと考える人も軍には大勢いた。しかし彼らが抵抗しきって、戦争をしない決断に導けたかどうかというと、難しかったでしょうね。

加藤　昭和天皇も、『昭和天皇独白録』中に、自分が開戦に反対などすれば天皇の地位を奪われたかもしれない(66)と述べていますね。そういうことなのでしょう。

奥泉　もし天皇が反対していたら一種のクーデターのようなことが起きていただろう、と。

加藤　でも、国民に対して、火に油を注いでいたら母屋が焼かれちゃった説は正しいですね。軍上層や軍人の中には、国民の敵愾心《てきがいしん》、抗戦意識こそが手がつけられなかったと思っている人はたくさんいるはずです。

奥泉　そのときに、日本の国家体制がもっていた一種の分立主義、どこに責任の所在があるかわからないあのシステムが悪く作用してしまった。丸山眞男をはじめ、多くの人が批

(65)　斎藤勇「毅然たる政治学者の和歌」『南原繁著作集』第六巻（岩波書店、一九七二年）所収月報第二、二頁。

(66)　『昭和天皇独白録』（文藝春秋、一九九五年）文庫版八五、八九頁。

判してきた無責任体制。これはいまも変わっていない。

加藤　そうですね。

奥泉　戦後になって戦争を指導した人たちに聞くと、自分は開戦に賛成じゃなかったとみんなが言う。じゃあどうして戦争になったんだというと、これはもう繰り返し言われてきた日本的現象、「空気」が……となる。

加藤　玉ねぎの皮をどんどん剝いていっても、いつまでも中核の中身が出てこない。

奥泉　そういう日本のシステムのうまくいったところも、きっとあったんでしょう。でも結局、開戦の時点ではマイナスになってしまったし、一九四四（昭和一九）年六月のサイパン陥落あたり以降では決定的に悪くはたらく。つまり、戦争をやめられなかった。むしろこちらのほうが問題は大きいかもしれない。冷静に考えていくと、変な言い方ですが、開戦は仕方ないと言えるかもしれません。勝算は零ではなかったわけですから。しかし、サイパン陥落でどう考えたって負けである。少なくとも開戦時に想定されていた「勝ち」の可能性は零になった。あそこでやめなければいけないわけです。全員がもう勝ち目はないと考えていた、しかしそれから一年以上続けてしまう。

加藤　長いですよね。

奥泉　亡くなった方はそれ以降の方が多いですよね。

加藤　一九四四年以降の戦死者が圧倒的に多いのです。むごいことです。もはや近代戦とは呼べない代物でした。

奥泉　戦争と呼べるのはサイパンまでですよね。

加藤　自身が陸軍士官学校と陸大出身で、一九四四年の一号作戦に参加経験がある[67]歴史家の藤原彰が明らかにしていますが[68]、餓死者が死者の大半を占めるという軍隊は、珍しいはずです。

「どうかしていた」この国をどうするか

奥泉　従来の戦争とは違うフェーズに突入してしまった。ここがアジア・太平洋戦争を考えるときの、いちばんの問題点だし、私が戦争にかかわる小説を書いてきて、いちばん気にしてきたのもここだったなとあらためて思うんですね。アメリカと無謀な戦争をしてしまったこともあるけれど、それは帝国主義時代のただなかへいきなり放り込まれた近代日本の運命だったという見方もできなくはない。しかし、サイパンで戦争をやめられず、大

(67)　藤原彰『中国戦線従軍記』(大月書店、二〇〇二年)。
(68)　藤原彰『飢死した英霊たち』(青木書店、二〇〇一年)。

きな犠牲を生んだ経緯は、どれだけ批判してもしつくせないものがある。あそこでむしろ天皇教の噴出が起こって、いまとなってみればどうかしていたとしか思えない神がかった発想が噴出するあたりのメカニズムの解明は、いまも大きな課題として残っていると思います。

加藤 逆に言えば、昭和天皇自身は、皇太子時代の一九二一（大正一〇）年に半年の外遊を経験していました。第一次世界大戦の惨禍の後をジョージ五世に教えられて見学していいます。同時代の問題として、ドイツのウィルヘルム二世が講和会議で罪を問われ、オランダに亡命したことも知っていた。戦争は違法化され、侵略戦争を開始した国の君主もまた罰せられることも知っている。よって、昭和天皇は対英米開戦に際して、ローマ教皇庁と連絡をとっていますね。長期的な記憶をもつ家の主宰者としての天皇には、リアルな戦いが見えていたのかもしれません。

奥泉 そうなんでしょうね。

加藤 軍人はどうしても最後の一兵まで……ということをすぐ言う。「死なばもろとも」になっちゃいますね。

奥泉 それは無責任としか言いようがなくて、軍人としては最悪です。暴力を扱う人間は死に対して敬虔でなければならない。サイパン以降も、たしかに負けないことは可能なんですよね。だって負けたって言わなければ負けないですから。極端なことを言えば、日本人全員が根絶やしになる、そこまでいかなければ負けじゃないと。そういうイメージを持っていた人は実際にいました。最後に全員が死ぬまでやればいいじゃないか、負けたと言わなければ負けないんだから、そうなればアメリカだっていやになるだろう、と。

加藤　ローズヴェルトから大統領を引き継いだトルーマン大統領が、ヤルタ会談の密約問題で満州権益をソ連に引き渡してもソ連に対日参戦させたかった理由は、アメリカの青年一〇万の命をソ連に肩代わりさせられるという読みですね。昭和天皇自身、気持ちが離れていたと思いますが、陸軍上層部は天皇を内陸部に移動させてまでの徹底抗戦を企図します。

奥泉　松代大本営ですね。

加藤　あの工事現場でも朝鮮人を徴用しましたね。その際の二六〇〇〇人を超える数の名簿がアメリカの議会図書館で見つかったというのが少し前、二〇一八年八月三〇日付『毎日新聞』で報道されていました。また別の記事で驚いたのは、玉座を置くための部屋の空間部分は、日本人に掘らせたといいます。

奥泉　松代大本営についての著作はいくつかあって、たとえば青木孝寿『松代大本営　歴史の証言』[69]などにも書いてあります。

加藤　この名簿を発見したのは、國學院大学の上山和雄名誉教授です。多くの在米日系企業などの資料を発掘した先生です。この史料群からわかる民族差別の根の深さは、ちょっと言語化できない……。

奥泉　帝国主義化していった国民国家日本の歪みがいちばん表われているところかもしれません。いずれにしても戦時中の「どうかしていた」病気はまだ治ってないと思う、日本は。いまは緩解期にあるけれど、また事があればああいうふうになっちゃうかもしれない。

加藤　そこなんですよね。地続きの世界にいるんですよね。

奥泉　そうです。だから日本周辺のアジアの国々からしたら、けっこう日本は怖いと思いますよ。それは日本の側から見るとなにを言ってるんだということになるけれど、彼らから見るとすごく怖いんだと思う。一度は暴走しているわけだから。

加藤　一九二三（大正一二）年九月の関東大震災の時に関東各地で起きた朝鮮人虐殺については、裁判や弁護の史料を丹念に見てこられた藤野裕子さんの『民衆暴力』[70]という良い本があります。

奥泉　では、再び「どうかしていた」状態にならないためにどうすればいいのか？　やっぱり「社会」なんですよね。社会形成。何度も何度も言いますが、鍵は社会をつくるということにしかなくて、国家と国民しかないのでは、なんであれ駄目なんですね。あいだに多層な社会がなければならない。ところが、いまは国家がどんどんそれを潰し、人々を分断している。軍隊が国民をつくっていったという話をしましたけど、これももちろん同じやり方です。分断された個々の人間を国家が支配しコントロールする。孤立した人間は抵抗することができない。これは危険です。国家はその本性上、とにかく力を持ちたいんですよね。

加藤　原子力発電を、原子爆弾を落とされた国だから、きちんと平和的に利用したい、利用すべきだという考え方など、やはり、つながっていますね。資源のない国でエネルギーをどう獲得するかという必死さ、といいましょうか。

奥泉　それは戦前戦中のトラウマがあったからでしょうね。アメリカと戦争になった直接のきっかけは石油の禁輸ですから。なぜあんな戦争をしなければならなかったか、エネルギー資源がなかったからだ、だったら自前でつくればいい、と。エネルギー大国になりたいという夢が戦後の指導者にはあったんだと思います。とにかく強い国になりたい。

加藤　プルサーマルとか、何が起こっても絶対に手放さないのは、やはり原子力について、

(69)　青木孝寿『松代大本営　歴史の証言（改訂版）』（新日本出版社、一九九七年）。
(70)　藤野裕子『民衆暴力』（中公新書、二〇二〇年）。

核について、握っておきたいというものがあると思います。

奥泉　そうですね。しかし、日本の原子力事業は失敗に終わったとしか言いようがないですね。二度目の敗戦と言われるけれども、それを正面から受け止めるしかない。

戦後は、たとえば日米開戦の経緯についても、「神話」としかいいようのない物語がかたられてきたし、GHQ製の軍部悪玉説、国民や天皇はイノセントだったんだという物語が支配してもきました。しかし、その捉え方では、いま現在のわれわれの問題は考えられない。あるいは、その捉え方ではまた同じことが繰り返されてしまう。一方で、何度も言いますが、物語なしに現実や歴史が捉えられないのもたしかです。だからできあがった物語は必ず批評されなければならないし、そういう形で繰り返し更新されていかなければならない。今回加藤さんの本を読み、またお話を聞いて、いままでこうだと思い込んでいたストーリーがいくつも覆されたわけです。歴史学における資料批判の強みを感じます。とはいえ、資料をどう読むか、どう解釈するか、それも物語と無縁にはできないので、歴史学というのはつくづく難しい学問ですね。

加藤　しかも、歴史史料は七〇年後であっても一〇〇年後であっても出てくるはずなのです。最近では斎藤実の追加史料がまた発見されたそうです。海軍大臣、朝鮮総督、内大臣、いろいろな重職を歴任した。犬養毅内閣の後の挙国一致内閣を組織した。彼は公文書、私文書の整理が本当に行き届いていた人で、すでに国立国会図書館憲政資料室と故郷の水沢には記念館もある。そこにある朝鮮統治時代の雑誌など非常に貴重で、世界から見に来られます。私の憶測ですが、西園寺公望の関係史料、昭和天皇の日記、これは後々に出てきそうですね。怖いのと楽しみなのと半々です。

奥泉　そうした地道な仕事を通じて得られたものが、歴史像をまた大きく変えていく可能性がある。

解説コラム①　「ポツダム宣言」を読む

アジア・太平洋戦争は日本の敗戦で終わったわけだが、日本の敗戦とは、具体的には、アメリカ、イギリス、中国の代表がドイツのポツダムで会談し、発表した三国の共同宣言を日本政府が受諾した事実を指す。このポツダム宣言が出たのが、一九四五年の七月二六日、日本政府はこれを黙殺。しかしその後、広島、長崎の原爆投下があり、ソ連参戦があり、八月一四日、ついに受諾が決定される。

一九四五年の七月には、主要都市は空襲で焼かれて、戦況は敗色濃厚をとうに通り越していたわけで、すぐに受諾していれば、死ななくてすんだ人たちが大勢いたのに、とどうしても考えてしまう。アメリカは日本の受諾拒否は織り込み済みで、核攻撃はすでに予定表に入っていたという説については、加藤さんの解説を読んでほしいが、総力戦を戦う国民国家が戦争を止めることが非常に難しいのは間違いない。ひとつには戦死した者の死を無駄にはできない、彼らの死が無意味になるのは耐え難いとの心理的圧力がかかって、敗北を容易に認められないからだろう。都市が焦土化するほどの壊滅的打撃があってようやく戦争が終わるのだから悲惨だ。

ポツダム宣言に、兵士は武装解除のあと（戦争犯罪人を除き）家や職場に帰れる、日本人を奴隷にするつもりも根絶やしにするつもりもないと書かれているのは、日本国民にとっては安心できるところだったろうが、政府がなかなか受諾に踏み切れなかったのは、国体が護持されるのか、天皇の地位が保全されるかどうかが書かれていなかったからだ。国民あっての日本帝国ではなく、帝国あっての国民だったことがわかるが、もしもポツダム宣言に、国体の変更、すなわち天皇制の解体が書かれていたらどうだっただろうかと、小説家は考えたりする。

その場合、ポツダム宣言は容易には受諾されなかっただろう。戦争は降参しなければ負けないわけで、たとえば主要都市が原爆で焼かれた後、上陸した連合国軍に対してゲリラ戦を展開する日本人は、最後の一人が斃れるまで、日本国民がそれこそ根絶やしになるまで戦っただろうか？　日本列島に死屍《しし》累々《るいるい》、日本人がことごとく死に絶えて、国体だけが中空に幽霊めいて残存する——。これはむろん幻想にすぎないが、そうした方向への傾きが、日本の戦時体制にはあったことは否定できない。

（奥泉）

千九百四十五年七月二十六日

米、英、支三国宣言

（千九百四十五年七月二十六日「ポツダム」ニ於《お》テ）

一、吾等《われら》合衆国大統領、中華民国政府主席及《および》「グレート・ブリテン」国総理大臣ハ吾等ノ数億ノ国民ヲ代表シ協議ノ上日本国ニ対シ今次ノ戦争ヲ終結スルノ機会ヲ与フルコトニ意見一致セリ

二、合衆国、英帝国及中華民国ノ巨大ナル陸、海、空軍ハ西方ヨリ自国ノ陸軍及空軍ニ依《よ》ル数倍ノ増強ヲ受ケ日本国ニ対シ最後的打撃ヲ加フルノ態勢ヲ整ヘタリ右軍事力ハ日本国カ抵抗ヲ終止スルニ至ル迄《まで》同国ニ対シ戦争ヲ遂行スルノ一切ノ連合国ノ決意ニ依リ支持セラレ且《かつ》鼓舞セラレ居《お》ルモノナリ

三、蹶起《けつき》セル世界ノ自由ナル人民ノ力ニ対スル「ドイツ」国ノ無益且無意義ナル抵抗ノ結果ハ日本国国民ニ対スル先例ヲ極メテ明白ニ示スモノナリ現在日本国ニ対シ集結シツツアル力ハ抵抗スル「ナチス」ニ対シ適用セラレタル場合ニ於テ全「ドイツ」国人民ノ土地、産業及生活様式ヲ必然的ニ荒廃ニ帰セシメタル力ニ比シ測リ知レサル程更《ほどさら》ニ強大ナルモノナリ吾等ノ決意ニ支持セラルル吾等ノ軍事力ノ最高度ノ使用ハ日本国軍隊ノ不可避且完全ナル壊滅ヲ意味スヘク又《また》

同様必然的ニ日本国本土ノ完全ナル破壊ヲ意味スヘシ

四、無分別ナル打算ニ依リ日本帝国ヲ滅亡ノ淵ニ陥レタル我儘《わがまま》ナル軍国主義的助言者ニ依リ日本国カ引続キ統御セラルヘキカ又ハ理性ノ経路ヲ日本国カ履《ふ》ムヘキカヲ日本国カ決定スヘキ時期ハ到来セリ

五、吾等ノ条件ハ左ノ如シ

吾等ハ右条件ヨリ離脱スルコトナカルヘシ右ニ代ル条件存在セス吾等ハ遅延ヲ認ムルヲ得ス

六、吾等ハ無責任ナル軍国主義カ世界ヨリ駆逐セラルルニ至ル迄ハ平和、安全及正義ノ新秩序カ生シ得サルコトヲ主張スルモノナルヲ以《もつ》テ日本国国民ヲ欺瞞《ぎまん》シ之ヲシテ世界征服ノ挙ニ出ツルノ過誤ヲ犯サシメタル者ノ権力及勢力ハ永久ニ除去セラレサルヘカラス

七、右ノ如キ新秩序カ建設セラレ且日本国ノ戦争遂行能力カ破砕セラレタルコトノ確証アルニ至ルマテハ連合国ノ指定スヘキ日本国領域内ノ諸地点ハ吾等ノ茲《ここ》ニ指示スル基本的目的ノ達成ヲ確保スルタメ占領セラルヘシ

八、「カイロ」宣言ノ条項ハ履行セラルヘク又日本国ノ主権ハ本州、北海道、九州及四国並《ならび》ニ吾等ノ決定スル諸小島ニ局限セラルヘシ

九、日本国軍隊ハ完全ニ武装ヲ解除セラレタル後《のち》各自ノ家庭ニ復帰シ平和的且生産的ノ生活ヲ営ムノ機会ヲ得シメラルヘシ

十、吾等ハ日本人ヲ民族トシテ奴隷化セントシ又ハ国民トシテ滅亡セシメントスルノ意図ヲ有スルモノニ非《あら》サルモ吾等ノ俘虜ヲ虐待セル者ヲ含ム一切ノ戦争犯罪人ニ対シテハ厳重ナル処罰ヲ加ヘラルヘシ日本国政府ハ日本国国民ノ間ニ於《お》ケル民主主義的傾向ノ復活強化ニ対スル一切ノ障礙《しょうがい》ヲ除去スヘシ言論、宗教及思想ノ自由並ニ基本的人権ノ尊重ハ確立セラルヘシ

十一、日本国ハ其ノ経済ヲ支持シ且公正ナル実物賠償ノ取立ヲ可能ナラシムルカ如キ産業ヲ維持スルコトヲ許サルヘシ但《ただ》シ日本国ヲシテ戦争ノ為《ため》再軍備ヲ為《な》スコトヲ得シムルカ如キ産業ハ此ノ限《かぎり》ニ在ラス右目的ノ為原料ノ入手（其ノ支配トハ之ヲ区別ス）ヲ許可サルヘシ日本国ハ将来世界貿易関係ヘノ参加ヲ許サルヘシ

十二、前記諸目的カ達成セラレ且日本国国民ノ自由ニ表明セル意思ニ従ヒ平和的傾向ヲ有シ且責任アル政府カ樹立セラルルニ於テハ連合国ノ占領軍ハ直《ただち》ニ日本国ヨリ撤収セラルヘシ

十三、吾等ハ日本国政府カ直ニ全日本国軍隊ノ無条件降伏ヲ宣言シ且右行動ニ於

ケル同政府ノ誠意ニ付《つき》適当且充分ナル保障ヲ提供センコトヲ同政府ニ対シ要求ス右以外ノ日本国ノ選択ハ迅速且完全ナル壊滅アルノミトス

解説

一九四五年七月二六日、ドイツのベルリン近郊の都市・ポツダム（会場はツェツィリエンホフ宮殿）において米国、英国、中華民国の三カ国の名で発表されたポツダム宣言。本書の対談の中では、第一〇項中の「言論、宗教及思想の自由並に基本的人権の尊重は確立せらるべし」の部分に注目し、この一文を敗戦直前の短波放送で耳にした丸山眞男の覚えた「衝撃」についてお話ししました。戦時中の日本に決定的に欠けていたものが、敗戦によって外部からもたらされたという一面を浮き彫りにしてみました。

しかし、ポツダム宣言が、日本を降伏に導くための最後通牒だったという一面を持っていたこと自体、見逃すべきではありません。同年五月八日にドイツが降伏すると、アメリカは次なる任務として、絶望的な抗戦を続ける日本軍とそれを支持する日本国民をいかにすれば降伏させられるか、その検討を開始します。日本軍を完全に圧倒していた米軍でしたが、日本の全面的な敗北という事態を招く前に早急に降伏させる方策はそれほど簡単ではありませんでした。

理由の一つは、連合国側が、枢軸国との戦争では無条件降伏を原則とするとかねてから強調してきたからです。一九四三年一月のカサブランカ会議で米国のルーズヴェルト大統領と英国のチャーチル首相が会談し、ドイツ軍の正面を引き受けて抗戦しているソ連軍を連合国側から離脱させないために、無条件降伏原則を打ち出したのです。しかしこの方針は、負けたら奴隷にされるといった枢軸国側の格好の宣伝材料に使われました。それに加え、一九四五年二月の米英ソによるヤルタ協定をうけ、ソ連がいつ対日参戦を図るのか、原爆開発計画がいつ成功するのか、という二つの最重要かつ不確定な要素がありました。

一九四五年七月一七日から、ポツダムで米英ソ三巨頭（トルーマン、チャーチル、スターリン）会談が開催されます。[1] 対日最後通牒として米国側が準備したポツダム宣言の草案を起草したのは、陸軍省作戦部のボーンスティール大佐であり、草案は国務省・陸軍省・海軍省からなる会議で幾度も検討されていきます。よく知

（1） 長谷川毅『暗闘』（中央公論新社、二〇〇六年）一八六頁。

られているように、スティムソン陸軍長官からトルーマン大統領へ示された草稿段階では、「もしわれわれが現在の皇室の下での立憲君主制を排除しないと付けくわえるならば、それは日本によって受け入れられる可能性を格段に増す」として、日本軍と日本国民にとって最重要と思われた天皇制の維持をほのめかしていましたが、日本側が受諾しやすいように意図されたこの一文は、最終的には削除されることになりました。

その理由と背景を見ておきましょう。ポツダム会談に際して、現地の米側が原爆実験の成功を詳しく認識できたのは、一九四五年七月一七日でした。一方、七月一六日、ソ連側は日本から戦争終結の仲介要請があったことを英側に伝えています。英米とソ連は日本をいつ降伏させるのか、その利害をめぐって次第に緊張関係に立つようになりました。そのような中で、七月二五日、原爆投下命令が米陸軍戦略空軍司令官に下されます。日付に注目してみましょう。この日は、七月二六日に発出されたポツダム宣言の前日にあたっていました。日ロ関係史・冷戦史を専門とする長谷川毅氏は、「原爆投下の決定はポツダム宣言が発せられる以前になされており、むしろ、ポツダム宣言は原爆投下を正当化するために出された」[2]との評価を下しているほどです。

たしかに、日本側の受諾を促す条文が削除されていく過程、また英米ソ三カ国によるポツダム宣言の発表を予期して会議に参加していたソ連を、英米が宣言から巧妙に排除していく過程を見ますと、長谷川氏の評価、「原爆の使用を正当化するためには、この最後通牒は日本によって拒否されなければならなかった(3)」との解釈は説得力を持って迫ってきます。

ポツダム宣言の個々の項目は先ほどの引用をご覧ください。ここでは大枠を押さえておきましょう。第一項において、米中英の指導者・代表者とその国民は、「日本国に対し今次の戦争を終結するの機会」を与えることで意見が一致したと書き始めます(4)。第五項で「吾等の条件は左の如し」と書き、軍国主義の駆逐、保障占領、カイロ宣言の履行、領土縮小、武装解除、戦犯処罰、軍隊の無条件降伏を要求していました(5)。

(2) 同前書二六〇頁。
(3) 同前書二七一頁。
(4) 長谷部恭男解説『日本国憲法』(岩波文庫、二〇一九年)八七頁。
(5) 鈴木多聞『「終戦」の政治史』(東京大学出版会、二〇一一年)一五三頁。

その一方、日本軍人の復員、民主主義的傾向の復活強化、言論宗教思想の自由、基本的人権の尊重、原料入手の許可、軍需産業の禁止等も書き込まれ、第一二項には「日本国国民の自由に表明せる意思」にしたがって平和的かつ責任ある政府が樹立された後の撤兵に言及していました。以上の項目についての「条件」という場合は terms の語があてられており、無条件降伏という場合の「条件」には、condition が用いられています。

注目されるべきは、終戦史を専門とする鈴木多聞氏が、ポツダム宣言には、原爆、ソ連、天皇制の三つの事柄についての言及がないとした点です。[6] ポツダム宣言中の、原爆を思わせる表現にあたるのは、第三項の「吾等の軍事力の最高度の使用は、日本国軍隊の不可避且完全なる壊滅を意味」し、また「必然的に日本国本土の完全なる破壊を意味」する、という部分でしょうか。しかし、歴史的事実としては、広島・長崎において、壊滅し破壊されたのは、軍隊と国土ではなく人間だったという点を忘れてはなりません。

鈴木貫太郎内閣下での、天皇の発意による御前会議開催、ポツダム宣言受諾までの経緯は、「終戦の詔書」のコラムで触れることにし、ここでは、敗戦直後の日本側がいかなる憲法改正を予期したのかについて述べておきたいと思います。

天皇の統帥大権（大日本帝国憲法第一一条）を重要な骨子とする明治憲法には、大改訂が不可避だと内閣法制局第一部長の入江俊郎などは覚悟し、一九四五年九月一八日の時点で「終戦ト憲法」と題したメモを作成し、準備していました。[7]

東京帝国大学において美濃部達吉の憲法講座を継承した宮沢俊義は、一九四五年九月三日から三回にわたって「戦争終結ト憲法」と題する講義を法学部で行いました。ポツダム宣言によって日本軍が武装解除されると、明治憲法はいかなる影響を受けることになるかについて考察したものです。宮沢があげていたのは、徴兵制廃止にともなう兵役義務（第二〇条）の廃止、統帥権（第一一条）と編制権（第一二条）の廃止、軍の存在を前提とする戒厳制度（第一四条）の廃止です。宮沢の慧眼は、ポツダム宣言が軍需産業を禁止（第一一項）し、平和的傾向を有する政府の樹立（第一二項）を求めているのだからとして、日本が「武器なき国家」になるしかない、との展望をこの早い時点で持っていた点にあります。（加藤）

（6） 同前書一五四頁。
（7） 高見勝利『憲法改正とは何だろうか』（岩波新書、二〇一七年）、同「「平和国家ノ確立」から「平和憲法の公布」まで――9・4勅語と11・3勅書の間」『歴史学研究』第九六二号（二〇一七年一〇月）。

解説コラム② 「終戦の詔書」を読む

ポツダム宣言の受諾はいわゆる「聖断」によってなされた。つまり昭和天皇の決断で戦争は終結した。だったらもっと早く「聖断」を下してくれればよかったのに、と思うのは自分だけではないだろうが、立憲君主制下の君主としての立場を強く意識していた天皇が、たとえ気に入らなくとも、政府の意見を裁可しなければならないとして、「聖断」は好ましくないと考えていたのは間違いない。

終戦の「聖断」は、徹底抗戦を叫ぶ一部士官らの動きはあったものの、八月一五日の正午に「終戦の詔書」を天皇が読み上げた録音が放送されて（いわゆる玉音放送）、比較的すんなりと国民に受け入れられ、軍の武装解除も平穏裡になされた。皇国イデオロギーの支配下、天皇陛下の命令なら「臣民」は大人しく従う、と、そうした面もあったろうが、何より米英との戦争を推進する一番の力であった国民のエネルギーが、この段階ではもはや枯渇していたということだろう。敗戦の翌年に側近が聞き書きした『昭和天皇独白録』のなかで昭和天皇は、開戦時にもし自分があくまで開戦に反対したら、クーデタが起こり、自分の身も危うかっただろうと述べている。国民の戦争へ向かうエネルギーは大変に大きかったわけで、米英との開戦からの三年八カ月あまりの時間は、それが敗勢のなか減衰していく時間だったと見ることもできるだろう。しかし、そのためにどれほどの犠牲を払わなければならなかったことか。

ポツダム宣言を受諾すべきかどうか、政府内に烈しい対立があって意見がまとまらず、首相の鈴木貫太郎が天皇に「聖断」を仰いで事は決せられた。指導者らが誰も責任を取ることなく、「神」である天皇に判断を丸投げしたわけで、ここにおいて明治政府が設計した立憲君主制は最終的に瓦解したというべきだろう。丸山眞男が無責任体制と評した戦前昭和の政治体制、ひいてはそれを準備した日本近代国家の仕組み、体質は、危機に際して極めて脆弱だった。戦後、政治制度は、象徴天皇制の下、議会制民主主義の路線へと変更されたが、政治家官僚を含む国民全般の、万事調子がいいときはいいけれど、危機になるとどうにも意気地がなくなり、事にうまく対処できない傾向は変わっていない感は強い。二一世紀の半ばへ向かって、迎えざるを得ないだろう危機的状況では、もはや「聖断」は仰げない。国民が自らの責任で判断をしなければならない。うまくやれるか、だいぶ心配だ。

（奥泉）

昭和二十年八月十四日

○詔　書

朕深ク世界ノ大勢ト帝国ノ現状トニ鑑《かんが》ミ非常ノ措置ヲ以《もつ》テ時局ヲ収拾セムト欲シ茲《ここ》ニ忠良ナル爾《なんじ》臣民ニ告ク朕ハ帝国政府ヲシテ米英支蘇《そ》四国ニ対シ其ノ共同宣言ヲ受諾スル旨通告セシメタリ

抑〻《そもそも》帝国臣民ノ康寧ヲ図リ万邦共栄ノ楽ヲ偕《とも》ニスルハ皇祖皇宗ノ遺範ニシテ朕ノ拳〻《けんけんお》措カサル所曩《さき》ニ米英二国ニ宣戦セル所以《ゆえん》モ亦《また》実ニ帝国ノ自存ト東亜ノ安定トヲ庶幾《しょき》スルニ出テ他国ノ主権ヲ排シ領土ヲ侵スカ如キハ固《もと》ヨリ朕カ志ニアラス然《しか》ルニ交戦已《すで》ニ四歳ヲ閲《けみ》シ朕カ陸海将兵ノ勇戦朕カ百僚有司ノ励精朕カ一億衆庶ノ奉公各〻最善ヲ尽セルニ拘《かかわ》ラス戦局必スシモ好転セス世界ノ大勢亦我ニ利アラス

加之《しかのみならず》敵ハ新ニ残虐ナル爆弾ヲ使用シテ頻《しきり》ニ無辜《むこ》ヲ殺傷シ惨害ノ及フ所真《しん》ニ測ルヘカラサルニ至ル而《しか》モ尚《なお》交戦ヲ継続セムカ終《つい》ニ我カ民族ノ滅亡ヲ招来スルノミナラス延《ひい》テ人類ノ文明ヲモ破却スヘシ斯《かく》ノ如クムハ朕何ヲ以テカ億兆ノ赤子《せきし》ヲ保《ほ》シ皇祖皇宗ノ神霊ニ謝セムヤ是レ朕カ帝国政府ヲシテ共同宣言ニ応《おうじ》セシムルニ至レル所以ナリ

朕ハ帝国ト共ニ終始東亜ノ解放ニ協力セル諸盟邦ニ対シ遺憾ノ意ヲ表セサルヲ得ス帝国臣民ニシテ戦陣ニ死シ職域ニ殉シ非命ニ斃《たお》レタル者及其ノ遺族ニ想ヲ致セハ五内《ごだい》為ニ裂ク且戦傷ヲ負ヒ災禍ヲ蒙《こうむ》リ家業ヲ失ヒタル者ノ厚生ニ至リテハ朕ノ深ク軫念《しんねん》スル所ナリ惟《おも》フニ今後帝国ノ受クヘキ苦難ハ固ヨリ尋常ニアラス爾臣民ノ衷情《ちゅうじょう》モ朕善ク之ヲ知ル然レトモ朕ハ時運ノ趨《おもむ》ク所堪ヘ難キヲ堪ヘ忍ヒ難キヲ忍ヒ以テ万世ノ為ニ太平ヲ開カムト欲ス

朕ハ茲ニ国体ヲ護持シ得テ忠良ナル爾臣民ノ赤誠ニ信倚《しんい》シ常ニ爾臣民ト共ニ在リ若《も》シ夫《そ》レ情ノ激スル所濫《みだり》ニ事端ヲ滋《しげ》クシ或ハ同胞排擠《はいせい》互ニ時局ヲ乱リ為ニ大道ヲ誤リ信義ヲ世界ニ失フカ如キハ朕最モ之ヲ戒ム宜《よろ》シク挙国一家子孫相《あい》伝ヘ確《かた》ク神州ノ不滅ヲ信シ任重クシテ道遠キヲ念《おも》ヒ総力ヲ将来ノ建設ニ傾ケ道義ヲ篤《あつ》クシ志操ヲ鞏《かた》クシ誓《ちかつ》テ国体ノ精華ヲ発揚シ世界ノ進運ニ後レサラムコトヲ期スヘシ爾臣民其レ克《よ》ク朕カ意ヲ体《たい》セヨ

御名御璽

昭和二十年八月十四日

各国務大臣副署

解説

詔書とは、大日本帝国憲法下での文書の発出形式の一つで、「皇室の大事」や「大権の施行に関する勅旨」を記したものをいい、大権の施行に関するものの場合、天皇が親署、御璽を鈐《けん》した後、首相が年月日を記入し、他の国務大臣と共に副署するものと定められた文書を指しました。詔書の例には、一九三三年の国際連盟脱退の詔書、一九四五年の終戦の詔書などがあります。

一九四五年八月一四日に天皇自身の音声により録音された終戦の詔書は、四四行八〇二字にわたる文書でした[1]。鈴木貫太郎首相のもとで内閣書記官長を務めていた迫水久常が草案の準備にあたっていた一方、文体と文章については、内閣嘱託で漢学者の川田瑞穂と陽明学者で大東亜省顧問の安岡正篤が修文を行いました。最終案の確定までの修正箇所は一六一カ所にも及びました[2]。

昭和天皇自身、終戦の詔書をいかに位置づけていたのでしょうか、それをまずは見ておきましょう。初代宮内庁長官となった田島道治は、一九五一(昭和二六)八月二二日の記事として、静養先の那須御用邸での拝謁時の天皇の発言を詳細に書き遺していました[3]。天皇は、「長官だからいふのだが」と何度か前置きした上で、「終戦の詔書」[4]中の一文「帝国臣民ニシテ戦陣ニ死シ職域ニ殉シ非命ニ斃レタル者及其ノ遺族ニ想ヲ致セハ五内《ごだい》為ニ裂ク」に言及しています。「あれは私の道徳上の責任をいつたつもりだ。法律上には全然責任はなく、又責任を色々とりやうがあるが、地位を去るといふ責任のとり方は私の場合、むしろ好む生活のみがやれるといふ事で安易であるが、道義上の責任を感ずればこそ苦しい」と述べていました。なお「五内為ニ裂ク」という表現は、安岡によるもので、断腸の思いを表現するための言葉でした。

ここまで詔書を準備した人々の動向と天皇の回想を確認しましたが、そもそも天皇の言葉による終戦という路線を考案したのは、当時の東京帝国大学法学部長の南原繁でした。南原が、第二次世界大戦の最終盤にあたる一九四五年三月末〜六月にかけて、法学部の教授ら（南原のほか、高木八尺、田中耕太郎、末延三次、我

（1）　老川祥一『終戦詔書と日本政治』（中央公論新社、二〇一五年）一五〇頁。
（2）　石渡隆之「終戦の詔書成立過程」『北の丸』第二八号（国立公文書館、一九九六年三月）。
（3）　古川隆久ほか編『昭和天皇拝謁記』第二巻（岩波書店、二〇二二年）一八四頁。
（4）　終戦の詔書の画像は、「大東亜戦争終結ニ関スル詔書・御署名原本・昭和二十年・詔書八月十四日」（国立公文書館）https://www.digital.archives.go.jp/img.L/1744405で閲覧可能。

妻栄、岡義武、鈴木竹雄の六人）とともに、宮中・海軍上層部を巻き込んだ終戦工作にあたっていた事実はよく知られています。[5]興味深いのは、戦争を終わらせる方策として南原が、天皇の裁断＝「聖断」による方式、詔書発布の方式を想定していただけでなく、詔書に入れ込むべき言葉をも準備していた点でした。鈴木内閣の米内光政海相の下で、極秘の終戦工作に当たっていた高木惣吉海軍少将の史料によれば、一九四五年六月八日の時点で南原は、戦争を終結させるには大義名分に則る必要があるとし、「盟邦亡ビ、自国ノミ戦フハ、朕ノ心ニ非ズ。世界人類ノ為ニ、内ニ向ツテハ国民ヲトタン〔塗炭〕ノ苦ミヨリ救フ[6]」といった内容の言葉、すなわち、詔書を構成するのに必須の言葉を高木の前で述べていたことがわかります。

思い返せば、日清戦争後の三国干渉によって、遼東半島を還付した際の明治天皇の詔勅は、①そもそも日本が清国と干戈を交えた理由を、「東洋ノ平和ヲシテ永遠ニ鞏固ナラシメムトスル」目的だったとし、②独露仏三国政府の申入れは、これと同じ考え方に立つものだと認めた上で、③戦闘を再開したり、議論を再燃させたりして、「治平ノ回復ヲ遅滞セシメ、以テ民生ノ疾苦ヲ醸《カモ》シ、国運ノ伸張ヲ沮ムハ、真ニ朕カ意ニ非ス[7]」、と述べた下りから構成されていました。

先に高木惣吉の史料で確認した、一九四五年六月に南原が考案していた詔書の文案の言葉「自国ノミ戦フハ、朕ノ心ニ非ズ」、「世界人類ノ為ニ、内ニ向ツテハ国民ヲトタン〔塗炭〕ノ苦ミヨリ救フ」を、この遼東還付時の明治天皇による詔勅の言葉「治平ノ回復ヲ遅滞セシメ、以テ民生ノ疾苦ヲ醸」すのは「朕カ意ニ非ス」と比較してみる時、そこには確かに呼応しあう部分があります。事実、昭和天皇自身、一九四五年八月一〇日（九日午後一一時五五分から一〇日午前二時二五分まで）[8]の天皇が臨席した最高戦争指導会議の席上、また一四日の御前会議の席上で二度にわたって、明治天皇による遼東還付の詔勅に言及していました[9]。八月一〇日未明に開始された最高戦争指導会議構成員メンバーのみによる御前

（5） 丸山眞男・福田歓一編『聞き書　南原繁回顧録』（東京大学出版会、一九八九年）二六七〜二七七頁。
（6） 伊藤隆編『高木惣吉　日記と情報』下巻（みすず書房、二〇〇〇年）八八一〜八八二頁。
（7） 「JACAR（アジア歴史資料センター）Ref.C14020142000、東洋平和に関する聖詔集明治27・8〜昭和8・3（防衛省防衛研究所）」
（8） 佐藤元英『御前会議と対外政略　二』（原書房、二〇一一年）五九〇頁。
（9） 加藤陽子『天皇と軍隊の近代史』（勁草書房、二〇一九年）三一一〜三一七頁。

会議では、国体護持の一条件での受諾を主張する東郷茂徳外相（鈴木首相と米内海相はこれに賛成）と、国体護持・自主的武装解除・自主的戦犯処罰・保障占領拒否の四条件を主張する軍部側（阿南惟幾陸相、梅津美治郎参謀総長、豊田副武軍令部総長）が激しく対立していました。四条件派が特に反発していたのは、連合国軍による武装解除（ポツダム宣言第九項）と、戦争犯罪人の処罰（同第一〇項）の二つでした。

終戦に向けた八月一〇日の御前会議において、天皇は抗戦を主張する四条件派の軍部を説得するため、「外務大臣ノ案ニ同意。〔中略〕忠勇ナル軍ノ武装解除ハ忍ヒ難キモ、戦争遂行ノ為、此上国民ヲ苦メ世界文化ヲ破壊シ、世界平和ニ寄与スル所以ニアラズ。明治天皇ノ三国干渉ノ例ニ倣ヒ苦シキヲ忍フ」[11]との表現を使っていました。また、同日の御前会議に実際に出席していた内閣綜合計画局長官・池田純久のメモには、「之以上国民ヲ塗炭ノ苦シミニ陥レ、文化ヲ破壊シ、世界人類ノ不幸ヲ招クハ私ノ欲セザル処ナリ。此ノ際ハ忍ビ難キヲ忍ブベキナリ。忠良ナル軍隊ヲ武装解除シ、又昨日迄朕ニ忠勤ヲ抜〔キン〕ジクレタル者ヲ戦争犯罪人トスルハ情ニ於テ忍ビザルモ、国家ノ為ニハ已ムヲ得ザルベシ。今日ハ明治天皇ノ三国干渉ノ心ヲ心トスベキナリ」[12]と書き留められていました。

二つの史料に共通するのは、内にあっては国民を塗炭の苦しみから救う、外にあっては世界の文化と平和の破壊を止める、この内外二つながらの大義名分が、武装解除と戦犯引渡を軍部に呑ませる理由とされていたことでした。国民と世界の人々の幸福のため、軍人に武装解除と戦犯処罰を呑ませる要求を、天皇は行ったといえます。一八八二年の「軍人勅諭」以来、特別な関係が軍人と天皇の間にはあるとの考え方（＝股肱の臣）に対して、先の池田のメモ中の言葉「情ニ於テ忍ビザルモ、国家ノ為ニハ已ムヲ得ザルベシ」のように、昭和天皇自身、国家を前景化させつつ、天皇と軍人の特別な紐帯を否定しにかかったのが終戦の詔書といえるでしょう。

（加藤）

(10)　天皇の聖断の言葉を諸史料から正確に確定したものとして、古川隆久「昭和天皇の『聖断』発言と『終戦の詔書』」『研究紀要』七八号（日本大学文理学部人文科学研究所、二〇〇九年）、また、鈴木多聞『「終戦」の政治史』（東京大学出版会、二〇一一年）。

(11)　四五年八月九日条、軍事史学会編『大本営陸軍部作戦部長　宮崎周一中将日誌』（錦正社、二〇〇三年）一九六頁。

(12)　池田純久「終戦時の記録・池田」、前掲『「終戦」の政治史』一七二頁から再引用。

Ⅲ

太平洋戦争を「読む」

戦争を支える気分――清沢洌『暗黒日記』

奥泉　この第Ⅲ部では、手記や日記、文学作品などを取り上げてみたいと思います。まず外せないのが、清沢洌『暗黒日記』[1]（一九四二～四五年）です。これは資料集的な色彩も強い本ですよね。新聞雑誌の切り抜きが編集されて、戦争中の、いわゆる銃後の日本で、後から見るとどうかしていたとしか思えないような精神状態にマスコミや言論人がはまりこんでいく様子がビビッドに描かれているのが興味深い。人々が具体的にはどのような発言をし、国家が、国民が、狂信的な精神主義にはまっていくドキュメントとして読めます。

加藤　そうです。たとえば、一九三三（昭和八）年頃の話として書かれていますが、清沢の子どもが、中国人――当時のそのままの表現では「支那人」ですが――を敵国人だと無邪気に思いこんでいるさまに愕然として、なぜ君は中国人が日本人の敵だと考えるのかと清沢が問いただす場面が『暗黒日記』第一巻の冒頭に出てきます。当時七歳だった子息が壁にかけてある写真を指さして「じゃ、あの人と戦争するんですね」「だって支那人でし

（1）　清沢洌『暗黒日記』全三巻、橋川文三編（ちくま学芸文庫、二〇〇二年）。以降、註には直接参照・引用した版の書誌情報を記す。

ょう。あすこの道からタンクを持って来て、この家を打ってしまいますよ」などと言う。子どもは、「講談社の好意で寄贈してくる少年雑誌」などを夢中で読んで、こう考えるようになってしまったことが子どもの話で判明する。清沢は、「この空気と教育の中に、真白なお前の頭脳を突き出さねばならんのか」と思って、気落ちする。そこで、当時の空気を書き残しておかなければならないと思い立ったわけです。

清沢が残しておいてくれてよかったとしみじみ思うエピソードがあります。都会とは違って食べ物がまだ手に入るのではないか、との考えもあって清沢は北海道への講演旅行に出かけます。そのとき彼が見聞したシーンが忘れがたいですね。一九四四（昭和一九）年三月[2]、浦河から苫小牧の汽車に乗っていると、隊長に連れられた女子挺身隊員らが乗ってくる。隊長は彼女らに向かって話を始める。もちろん、車内の人も意識しての演説です。隊長は、「大西洋憲章というものをチャーチルとローズヴェルトが作ったが日本人を皆殺しにすると決議した。男も女も殺してしまうのだと声明した。きゃつ等らに殺されてなるものか」と言うんです。一九四四年三月という時点をふりかえれば、同年七月のサイパン陥落などはまだでしたが、国民の食糧事情は逼迫《ひっぱく》してきていました。本当に勝てるのかとの疑念も人々の間に少しずつ広まる頃です。そうしたなかで、人々に活を入れなければ、との考えから、一九四一年八月の大西洋憲章の講釈をやったのでしょう。女子は売り飛ばされる、男子は孤島に追いやられて奴隷にされるとか、こういう話が本当に汽車の中で話されていた。戦後になってこの隊長を見つけ出して問いただせば、そんなことは言っていないと否定するでしょう。

もう一つ、『暗黒日記』から紹介しておきますね。一九四五（昭和二〇）年一月一日の記事です。「日本で最大の不自由は、国際問題において、対手《あいて》の立場を説明することができない一事だ。日本には自分の立場しかない」。これも鋭い観察です。他者の立場を理解しようとしない日本の不自由さについては、同じことを吉田健一がこれまた鋭く捉えた文章があります。英国人についての文で、「相手の身になることができなければ相手を徹底的に苦しめるわけにはいかないからであって、自分が相手になり切った時に初めてその息の根が止められる立場に置かれる」と。英国人はある意味で相手になりきるところまでやる、[3]

（2）　連合国側による枢軸国側の戦犯に対する処置方針については、一九四三年一〇月二〇日、イギリス外務省における外交会議で、連合国戦争犯罪委員会（UNWCC）設置が合意されていた。加わった国はオーストラリア、ベルギー、カナダ、中国、チェコスロヴァキア、ギリシア、インド、ルクセンブルク、オランダ、ニュージーランド、ノルウェイ、ポーランド、南アフリカ連邦、イギリス、合衆国、ユーゴスラヴィア、国民解放フランス委員会の一七政府。参照、日暮吉延『東京裁判の国際関係』（木鐸社、二〇〇二年）六一頁。

そうすることで相手のいちばんの弱点に乗ずることができるわけです。逆に、日本人は目をつぶって清水の舞台から飛び降りる、目を閉じてしまっているわけです。相手の立場を観察しなければならないときにそれをしない。そうなると、自らの根拠のない楽観と願望によって、豊かなアメリカ人には、居住性の悪い潜水艦など乗りこなせないなどと考えて、相手の戦力を過小評価する。このような部分、『暗黒日記』は、よく捉えていると思います。

奥泉　鬼畜米英という評語は有名ですが、掛け声だけじゃなく、具体的な宣伝をずいぶんやっていたんだなと。「文字通り食ふか食はれるかの激闘が、いまや南太平洋上において行はれてゐるのだ、しかも相手は鬼畜にも等しいメリケン兵である、敵はわが勇士の死体を一つ一つ拳銃をもつて狙撃した上時計、万年筆、財布等目ぼしいものは一つ残らず強奪、続いて戦車をもつて死体の上を走らせた……死者になお鞭打つて恬として恥ぢない奴等である、人間の仮面を被つた畜生である」。これは一九四三（昭和一八）年二月、ガダルカナル戦の苦戦を伝える毎日新聞の引用ですが、緒戦の勝利のあと、だんだん戦局が悪くなってきたあたりから、敵愾心をかきたてる言説が出てくるのがよくわかります。こんな「獣敵」に負けたら大変なことになるという恫喝的な記事も次々出てくる。こちらは戦局が煮詰まった一九四四年の八月ですが、「然し一度び今日の戦争において敗者とならんか、われらは残虐極まる米兵に生殺与奪の権を委ねて彼らの放言してゐる如く、力ある青壮年たちはニユーギニア、ボルネオ開発の為めの奴隷として遠く南方の僻地に或は酷熱のアフリカ奥地に、彼等の銃剣の前に鞭うたれねばならないのである、いたいけな子供は親の手から引き離されて彼等のためになぶり殺され去勢されて遂に我等の意思を継ぎ得ず愛するわれらの妻や娘や恋人たちは老若を問はず、すべて米兵に暴行を加へられたあげく最後に悪質の病毒を感染せしめられ廃人と化し去らねばならぬのである」というのが読売新聞から引用される。こうした新聞報道などを拾い上げて、的確に批評している。

加藤　いまの引用でもわかりますが、毎日新聞が好戦熱を煽る傾向が全体としてあるのに対して、文芸欄に力を入れていた読売新聞などが比較的穏やかだったことなど、新聞そのもののトーンの違いもわかりますね。清沢が毎日新聞のことを「戦争責任者の一つであるジンゴイスト・ペーパー」とまで書いた部分も出てきます。

奥泉　戦争を支える国民国家の気分というものをつかまえるには非常に優れた資料ですね。

加藤　清沢は長野県の豊かな家に生まれながら、父親が中等学校以上の教育を信頼しておらず、「早く立派な農民になれ」といった育ち方をしました。そこでアメリカに渡り、現

（3）　吉田健一『英国に就て』（ちくま学芸文庫、二〇一五年）。

地で学びつつ新聞記者になります。そのような選択をした清沢だからこそ、当時の時局や空気から距離がとれたのでしょう。得がたい資料の一つですね。

奥泉　そうですね。後世に残すべき貴重なテクストだと思います。

物語を批判する小説――田中小実昌『ポロポロ』

奥泉　次は、田中小実昌『ポロポロ』[4]（一九七九年）を挙げたいと思います。平明な文章で書かれてはいるが、これはなかなか難しい小説です。大変面白いんだけども。僕がこのテクストでいちばん注目するのは、物語批判ですね。このことが大きなテーマになっている小説だということです。

加藤　なるほど。起承転結のあるきれいな話にはしない、ということですね。

奥泉　ええ。しかし、何かを回想し、語るという行為自体が物語を引き寄せざるをえないんですね。そういう根本的な問題がある。

具体的に見ていきましょう。一九四五（昭和二〇）年、下級兵士として揚子江方面の部隊にいる「ぼく」は、八月一五日に、戦争に負けたという情報を聞く。「しかし、だれだって、そうかもしれないが、ぼくはなんともおもわなかった。くやしいとも、なさけないとも、逆にほっとしたとも、なんともおもわなかった。これからさきどうなるかという不安もなかった。／ぼんやりしたわけでもない。へえ、負けたのか、と、ごくふつうにおもったただけだ」と主人公は言う。とにかく何も思わなかったのだと。その続きはこうです。「戦争中、兵隊にとられた者は、これも、だれだって死ぬことを考えたという。だが、ぼくは、死ぬことなんか、ぜんぜん考えなかった。だったら、自分だけは生きてかえってくるとおもったのかというと、そんなこともなにも考えなかった。／自分がそうだったためかもしれないが、ぼくたち初年兵仲間も、死ぬことなんか考えてる者はないようだった。内地からはこばれて、南京に着くとすぐ死んじまった道田もオッチョコの高橋も、死ぬことを考えていただろうか」。「戦争に負けたとなると、だれにでも感慨があり、思い入れもでてくるのかもしれないが、ぼくはなににもおもわなかった」

感慨を抱くことはもちろん、なに一つ思わなかった、ということをくどく言っている。面白いのはそのあと。「よけいなことだが、あのころは、戦争に負けたことへのくやしさ、なさけなさといったものは、上級の兵隊と初年兵とではうんとちがってたはずだが、当時の初年兵に、今たずねたら、上級の兵隊だった者とあまりかわらないことを言うのではないか、それにぶつかったとき、自分が感じたこと、おもったことが、だんだんかたちを変

（4）　田中小実昌『ポロポロ』（河出文庫、二〇〇四年）。

えて、つまりは、世界の規格どおりみたいになるのだろう。これはふしぎなことだが、世間ではあまりふしぎにおもってないようだ。ま、そんなふうだから、こんなことにもなるのか」

これは戦争の語りに対する根本的な批評ですね。戦争体験というものは膨大で、さまざまあるんだけれど、しかしそれは結局、語られなければ存在できない。しかし語ること自体が、ある一定の型を持たざるをえないものだということの指摘なんです。極端にいえば、型にはまったことしか人は言えないのだと。そこからはみ出る実感とか感覚といったものは語り得ない可能性がある。

いま引用したのは、『ポロポロ』に収録されている「北川はぼくに」という短編からなのですが、八月一五日に北川という同年兵が、夜、歩哨に立っているときに初年兵を撃ち殺してしまった。その体験を北川から聞いた「ぼく」は、「八月十五日」に強い意味を持たせたくなってしまう。そこを軸に物語を作りたくなっちゃうんだけど、そんな意味などは一切なかったんだ、ということをただただ書いている小説なんです。『ポロポロ』は全体にそうなんで、要するに人は物語を作りたくなるのだけれど、自分はなるべくそれをしないのだと。

加藤　この自覚があること自体、すごいことですよね。自分で自分の記憶を「つくって」

しまうことへの抵抗の意識がすごい。

奥泉　そうなんです。物語については、小説中で直接論じている部分もある。「だいたい、軍隊というのが物語だ。軍隊とは、いったい、なにか？　だれもこたえられはしない。だれもこたえられないものを、軍隊、軍隊と平気で言っていられるのも、物語として通用している軍隊のほかに、いったい、どんな軍隊があるというのか？／軍隊が非合理だとか、いや、逆に、合理をあんまりおしつけるから、非合理みたいなことになるとか、あれこれ言えるのも、物語の上のことだからだ。／ま、世間でいうところの軍隊が、軍隊なのだろうが、これは、それこそ世間で通用してる軍隊という物語で、しかし、そんなものではなく、自分にとっての軍隊があるはずで、それは物語かどうか、とおっしゃるかもしれない。／前にも言ったけど、物語は、ひとにはなしてきかせるだけではない。いや、自分自身に、物語ばかりをしゃべりつづけているのが、こまるのだ。自分にとっての……というのも、世間的な雑念がはいらなくて、純粋みたいだけれど、これも、自分自身にはなす物語だろう」。徹底的に懐疑している。しかしこれこそが、まさしく小説的な立場だと言えると思います。物語に身を委ねない。たえず物語というものに批評性をもち続ける精神こそが「文学」の立場だと思うんですよね。しかし一方で、何かを語る、書く、それは必ず物語にならざるをえないという根本的な矛盾の中に、作家は――歴史家もそうだと思いますが――いるんですよ。この問題を捉え、展開しているテクストという意味で、僕はこの小説を評価しているんですね。

加藤　奥泉さんの説明を聞いていますと、小実昌さんのすごさがあらためてわかりますね。田中小実昌はいわゆる「遅れてきた青年」でも無頼派でもないけれども、しかし書く人として正直でありたいという意志を、奇跡みたいなかたちで生きている人なんですね。

奥泉　自分が書いたことをすぐさま否定していくような、そういう独自の文体を発明することで、物語から逃れ、語り得ぬ戦争体験を描く、非常に稀有な作品です。

加藤　表題作の「ポロポロ」も、文庫本で三〇頁に満たないものですが、やはりこれが表題作だという重みを感じます。一九四一（昭和一六）年の初冬、太平洋戦争が始まる直前の時期のある夜の祈禱会の話で始まり、だんだんと自らの父の話、母の話をしながら、日本の歴史を振り返るかっこうになっています。廃娼運動のときに父は反対派の右翼に目を潰され、関東大震災のときに父と母は朝鮮人についてデマに踊らされなかった人たちなんだなとわかる。広島県の軍港都市呉の山の中腹の木立にあった小さな日本家屋。これが小実昌さんの父の教会でした。初冬の晩の祈禱会での人々の祈り、それは他人が聞けば、「ポロポロ」と呟いているようにしか聞こえない。小説の文を引きますと、「イエスは、十字架にかけられる前の夜、ゲッセマイネ（ルカ福音書ではオリブ山）というところで、切に祈った、と聖書には書いてある。だが、そのとき、イエスは日常はなしていたらしいアラム語での祈りの言葉を述べたのでもなく、ユダヤの祈禱用の言葉を口にしたのでもなくて、ただ、ポロポロやっていたのではないか」となります。日本の近代史の流れと自らの父と母のふるまいがゆっくりと描かれてゆく。このゆっくりした語りに、知らず知らず引き込まれます。天賦の才と思います。

奥泉　「ポロポロ」というのは、新約聖書「使徒行伝」などに出てくる、いわゆる異言なわけで、つまり自分の言葉じゃないんですよね。自己主張では当然なくて、何だかわからない言葉なんですけど、語ることが必ず物語になってしまうという話でいうと、物語化以前の言葉の在処みたいなものを指し示しているとも考えられる。一種の言語以前みたいな。そういう形でしか語れない、というか、示し得ない何かがあるんだ、と。とはいえ、実際には、たとえば戦争体験は「ポロポロ」では伝わらない。だから誰もが、そういうつもりがなくても、なにかしらの物語性をもって語り、書くしかない。しかしそれは『ポロポロ』の立場からすれば、すべて虚偽なんですね、極端なことを言っちゃうと。

加藤　この作品を真ん中に置いて、二十歳のときに沈む戦艦「武蔵」から投げ出されて生還した男性の語り（後述、渡辺清『海の城』）をはじめ、さまざまな生者の語りの戦争文学を位置取りしなおすと、わかりやすい地図が描けそうです。『ポロポロ』は零度の位置を占めるといいますか、これを読んでおけば、さまざまな語りの位置関係がわかるという感じがします。

奥泉　そうですね。いろいろなテクストのもつ虚構性をX線写真みたいに浮かび上がらせてくれる。同時に、物語がはらむ虚偽性から逃れながら、どのように出来事を語るか。語りうるのか。その課題を『ポロポロ』はつきつけてくる。

加藤　面白いですよね。ただ、同じようなことを奥泉さんも自覚的になさっていますよね。ご自分の作品について語るのは嫌でしょうが、私は『浪漫的な行軍の記録』⑤（二〇〇二年）の文体が面白くて、はまりました。ところどころ、突然、文末が丁寧語になっています。あの語りが面白くて、聞き手の緑川⑥に言っているのか、それとも読者に言っているのか、回想のなかの戦友に言っているのか。「でした」とか可愛らしいんですよ。たとえば、「できない、できない、と思っていても、人間やろうと思えば色々とできるのでした」など。文末に躍動感があります。

奥泉　単一の語りに閉じ込めない工夫でしょうね、自分で言うのもなんですけど。単一の声の語りは、どうしても小説世界を単一の物語に閉じ込めてしまいがちになる。だから語りを多声化することは、小説が物語から逃れる一つの有力な方法です。とはいえ、多声性を獲得するにはどうすればいいのか、答えが簡単にあるわけじゃないんですけどね。しかし、もし小説というものに戦争体験を扱う意味があるとしたら、このあたりでしょうね。フィクションを武器に多声的に戦争の経験を描くこと。でも、現実にはなかなかそういうふうにはなっていなくて、むしろ単一の物語に叙述を染め上げてしまう小説のほうがはるかに多い。大西巨人はこのことを「俗情との結託」という言い方で批判しています。

個人と国家の媒体なき対峙――山田風太郎『戦中派不戦日記』

加藤　続いては山田風太郎『戦中派不戦日記』(7)（一九七三年）です。

奥泉　一九二二（大正一一）年生まれの山田風太郎は、戦争の犠牲者が最も多かった世代に属しますが、彼自身は戦争に行っていない。医学生だったので、徴兵されずに内地にいて、その意味では、世代は違いますが、清沢洌と同じような位置にあって、戦時中の日本

(5)　奥泉光『浪漫的な行軍の記録』（『石の来歴・浪漫的な行軍の記録』講談社文芸文庫、二〇〇九年）。

(6)　「浪漫的な行軍の記録」の登場人物の一人。作家となった「俺」の回想の聞き手。家を訪ねて来ては、「俺」を先生と呼んで話をさせる。黒眼鏡をかけ、カウボーイハットを被り、首に赤いスカーフを巻いた人物として描かれる。

(7)　山田風太郎『戦中派不戦日記』（新装版、講談社文庫、二〇〇二年）。

の状況についての証言をなした。山田風太郎という人には親がいないんですよね。懐かしむべき故郷もない。これは特異な状況で、『戦中派不戦日記』に独自の個性を刻むことになった。このことはたとえば『砕かれた神』[8]（一九七七年）の渡辺清と比較するとよくわかります。

渡辺清は志願の少年兵として海軍に入った人で、戦艦「武蔵」に乗艦していたときの体験をもとに『海の城』[9]（一九六九年）という小説を書いているんですが、そのなかで天皇についてこう書いている。「おれが天皇というとき、そのなかには同時に両親や兄妹、村のおじさん、おばさん、かわいい子供たち、そして馴染みの山や川や森……。つまりこの国土の一切をそこに含めているのだ。そういうものをすべてひっくるめて、総称的な意味で、それをおれは天皇といっているのだ」。天皇と言ったとき、自分が言うのは天皇個人じゃないんだと。超越的な神というのでもない。故郷とか家族とか、そういうものの総称としての「天皇」なんですね。

加藤　なるほど。ただ『砕かれた神』ですと、天皇は「小さな男」などと表現され、かなり相対化されたうえでの描写となっていましたが……

奥泉　『砕かれた神』では、皇国少年だった渡辺清が戦後、反転して、徹底した反天皇主義者となった経緯が書かれるわけで、『海の城』で描かれる少年兵の時点では生粋の天皇主義者なんですよね。

加藤　そうでした。日記の引用もあって、ぐいっと引き込まれます。

奥泉　入隊前の日記の引用があります。「ワレ黎明ノ丘ニ立チテ遥カ東天ニ向イ天皇陛下オワシマス宮城ヲ遥拝、謹ミテ言上ス。「私ハ愈々明日帝国海軍ノ一員トシテ皇国ノ海ノ守リニ就キマス。コノ上ハ醜《しこ》の御楯《みたて》トシテ粉骨砕身、尽忠報告ノ誠ヲ尽ス覚悟デアリマス。モトヨリ私ノ体ハ陛下ヨリオ借リシタモノ、何時ノ日カ戦場ニテ必ラズ御返シ申シ上ゲマス。」言い終わるや落涙……」。ここではまったくの皇国少年で、天皇の恩に報いるために一命を投げ出して頑張るんだと決意を固めている。実際には、入隊して艦隊に勤務してみると、凄惨ないじめがあったりして、このときのような熱はないと述懐するんだけれど、とはいえ「なにごとも天皇のため……」。それはいわばおれの初心だ。痴《こけ》の一念だ」というふうには言うわけですね。「おれはそこに全身の重みかけ、命を賭けている」。なにごとも天皇のため、というときの天皇は、先ほど引用したとおり、天皇個人を言っているのではない。自分にとって大切な、無条件に愛すべき共同体の換喩なんです。

（8）　渡辺清『砕かれた神』（岩波現代文庫、二〇〇四年）。
（9）　渡辺清『海の城』（朝日選書、一九八二年）。

ところが山田風太郎にはこれがないんですよ。「全身の重みかけ、命を賭けて」守り戦うべきものがない。愛すべき家族や故郷がない。そこが最大の特徴です。たぶん渡辺清みたいな人のほうが当時の日本では平均的です。対外戦争の進展のなかで、「天皇」は、村祭りとか、懐かしい山や川とか、そうした内実をともなった家郷のイメージをまとって現れてくる。そうしたナショナリズムのなかに人々はある。しかし山田風太郎にはそれがない。彼にとって守り愛すべき「日本」や「天皇」は抽象的なんです。同時に彼は非常に怜《れい》悧《り》なので、合理性を欠いた神がかり的言説には批判的たらざるをえない。「科学じゃない」という言い方を何度もしている。

ナショナリズムに充塡すべき、自分を無条件に受け入れてくれる共同体を持たない彼は、国家という抽象的な共同体に身を委ねるしかない。日本という国を愛するしかないと考え、日本の勝利を願う。ところが、その日本はすっかり神がかりになって、敗北は必然だと思わざるをえない。この矛盾葛藤が読みどころです。個人と国家が媒介なしに対峙している。個人と国家が直接に擦れ合って、烈しく軋《きし》み熱を帯びて行くところが、『戦中派不戦日記』の希有なところだし、いちばんの読みどころですね。

加藤　還るべき共同体から切断されているという角度から山田風太郎を読んでゆくという視点は新鮮ですね。戦後の風太郎の日記は『戦中派焼け跡日記』などの書名で続々と刊行されています。共同体を媒介としない国家への愛は、もちろん戦前・戦中で終わりを遂げるのですが、自らの知見や認識という点で、戦前の日記と戦後の日記がシームレスにつながっている人ってすごく稀なのでは。風太郎の場合、個人と国家がちゃんと屹立《きつりつ》するところまでいっているので、敗戦前後で変わらない、面白さを失わない。

奥泉さんもかつておっしゃっていましたが、『二十四の瞳』や『ビルマの竪琴』のはらむ問題性[10]、都合良く設定されてしまっている「人びとの帰っていくべき場所」の有無とつながります。風太郎は幼少期に、医者であった父を亡くし、愛する母は父の弟と結婚してしまうという不幸な生育環境がありました。ただ彼の明るさの最後の一線は、東京の都会の中で、勤労動員に行った工場（沖電気）の主任の方と信頼関係を築くことができ、旧制東京医学専門学校の学生となってからは、一癖も二癖もある、熱意のある先生たちや同級生と学ぶことができた。友がいて師がいて、でも故郷がないというところで、先ほどの天皇観も含めたときに、個と国家がきれいに浮かび上がっているのが面白いですね。

（10）　奥泉光の発言。「『二十四の瞳』も『ビルマの竪琴』も、人びとの帰っていくべき場所を用意しています。それは言うならば、幻想されたアジア的自然性とも言うべきものです」、川村湊ほか『戦争文学を読む』（朝日文庫、二〇〇八年）七四頁。本書二一〇頁も参照のこと。

奥泉　八月一五日が近づいて、日本の敗戦が避け難くなったとき、それまで日本の科学性の欠如を批判していた作者が、合理性をかなぐり捨てたかのように徹底抗戦を主張する。敗北が決して、はじめて心から日本を愛せるようになる。そのあたりは痛々しく、感動的です。八月一四日の日記では、日本の科学的思考の欠如や、個性を尊重しないで「ドングリの大群のごとき日本人」しか生んでこなかった教育の失敗といった、今日の窮状を招いた原因を長々と分析したあとでこう書きます。

「新兵器なく、しかもかかるアメリカ人を敵として、なお敗れない道が他にあるか？／ある！／ただ一つある。／それは日本人の「不撓不屈」の戦う意志、それ一つである」。「あと千日耐えよ。血と涙にむせびつつも耐えよ」

本土決戦、一億玉砕。徹底して戦うべきなんだというところに一気にジャンプする。このへんはドラマチックです。思考と感情の燃焼というか、自己と国家というものが直接ぎしぎしと擦れ合って、烈しく熱を放っている感じがします。

そのあと友人たちとかたらって、戦争継続運動を組織しようなんて相談する。そのために檄文を書いて撒こうと考え、文案を考える。「日本人よ！／諸君には、日清日露戦役以来、無限の血潮を流した忠魂のすすり泣きが聞こえないか。／満州、台湾、朝鮮をおめおめ敵に渡し得るか」／「日本人が敵に降伏する？／御冗談でしょう。日本人は玉砕は知っているが、降伏などはどんなものか知らないのだ。／原子爆弾などにおったまげていたら屁もひれない。／山に入れ、壕を掘れ。徹底的に分散疎開せよ、ただ頑張るのだ。親が死んでも子が死んでも、歯をくいしばって戦うのだ。／そのときこそ大和魂が敵を戦慄せしめ、敵を圧倒するであろう」。敗北が決したとき、愚劣だと思っていた文学的フレーズが噴出して、はじめて日本という抽象的な共同体との一体化が果たされる。

しかし、朝になってみればすべて虚しいんですね。そうして八月一五日を迎える。玉音放送を聞く。するとこんな場面に遭遇する。「下に降りると、暗い台所で炊事の老婆が二人、昨日と一昨日と同じように、コツコツと馬鈴薯を刻んでいる。その表情には何の微動もない。……あとできくとこの二人の婆さんは、ひるの天皇の御放送をききつつ、断じて芋を刻むことを止めなかったという。こういう生物が日本に棲息しているとは奇怪である」。思索の運動とはまたべつに、こういう細かい観察が面白い。

加藤　たしかに、後世から振り返ったときに、本当に大きな歴史的事件に際して、当時の人々がどう向かい合っていたのか、それがかなり正確にわかる記録として重要です。東京大空襲の日、一九四五（昭和二〇）年三月一〇日の長い一日の記述を一つ読んでおきます。「焦げた手拭いを頬かむりした中年の女が二人、ぼんやりと路傍に腰を下ろしていた。風が吹いて、しょんぼりした二人に、白い砂塵を吐きかけた。そのとき、女の一人がふと蒼空を仰いで、「ねえ……また、きっといいこともあるよ。……」と、呟いたのが聞こえた。自分の心をその一瞬、電流のようなものが流れ過ぎた」。この年齢の青年が、このような観察眼を持っていることに驚かされます。

奥泉　観察眼もするどいんですが、描写も的確です。文学の教養を駆使した文章も美しい。センスがいいんだな。「目黒の桜の坂、きのう雨中に満開の日を過したるとみえ、きょうはすでに散りはじむ。風も強し。下枝にははや青き若葉萌え出でたり。夕日雲を透して、桜の上半は淡紅の霞のごとく柔らかにかがやき、家々の陰なる下半分は薄紫に翳る。きのうの雨路上に冷たくたまりたるに、春の雲いそがしげにゆき交うが映り、水面に浮かびゆらめく一片、三片の花弁、白き貝のごとし。春風はげしく埃をまいて虚空に上り、陽に映えて金色の竜巻のごとく、ゆく人花を満面に吹きつけられてしかめ顔するが可笑し」。この桜の描写なんかは、古典文学の響きがあります。

加藤　九段下に当時あった、大橋図書館に風太郎はよく通って、膨大な図書を借り出して読んでいました。日々の日記の最後尾に読んだ本の著者と題名が記されている。凄まじいスピードで貪るように読んでいたことがわかります。医学の勉強はあまりせずに。それから、枢密顧問官であった財政の専門家・深井英五の本[11]を戦後読んで、なんだ枢密顧問官といっても当時自分が考えていたことと大差ないことしか考えていない老人だ、などと言って深井を切り捨てています。高橋是清の懐刀だった人に対して、容赦ないです。時代に聳《そび》え立つ知性の持ち主でした。

蟻の眼、鳥の眼

奥泉　『海軍めしたき物語』[12]（一九七九年）にいきましょうか。戦中派の人たちが書いた手記、回想録はたくさんあって、どれも面白いんですが、さっき『ポロポロ』のところで言ったとおり、意識的じゃないにしても、回想し語るという行為が自然と引き寄せてしまう物語性があるという点は常に注意して読む必要がある。とはいえ、とくに下級の兵士や下士官だった人が書いたものには面白いものがいろいろあって、何が面白いかといえば、つまり細部の具体性ですね。あの戦争が何であったかを知ろうとした場合、巨視的に政治や社会の動きを調べるのとはべつに、一つ一つの現場でどんなことが起こっていたのかを知る必要がある。それを証言する資料として貴重です。『海軍めしたき物語』はその好例ということになります。読物としても大変面白い。主計科の、表題どおり飯炊きをしている兵隊

（11）　深井英五『枢密院重要議事覚書』（岩波書店、一九五三年）。
（12）　高橋孟『海軍めしたき物語』（新潮文庫、一九八二年）。

の日常を描いているんですが、軍艦の中の生活がよくわかる。イラストがあって、これも非常にわかりやすくて素晴らしい。この人は真珠湾攻撃にもミッドウェーにも参加していて、それも興味深い。

加藤 続編の『海軍めしたき総決算』[13]（一九八一年）も書かれていますね。書き手の高橋孟は「霧島」に乗艦していますが、ミッドウェーで燃えていた空母が赤城だったことを後日読者の手紙で知ったなどと平気で書く。このあたり、ものすごく正直です。

奥泉 これと対比する意味で、士官の人の書いたもの——これもたくさんあるんですけど、一例をあげると、たとえば淵田美津雄『真珠湾攻撃　太平洋戦記』[14]（一九六七年）。真珠湾攻撃当時の赤城の飛行長の手記です。真珠湾攻撃の中枢にいた人ですね。

加藤 まさに、かたや蟻の視点、かたや鳥の視点ですね。

奥泉 「かくて一二月六日、機動部隊は第二航空戦隊（蒼竜、飛竜）と警戒隊（阿武隈および九隻の駆逐艦）とに燃料を補給して第二補給隊（給油船三隻）を分離し、さらに翌七日、もう一度警戒隊に最後の燃料補給を実施して満載せしめ、第一補給隊（給油船五隻）を分離し、ここに戦闘部隊のみとなって、速力を二四ノットにあげ、一挙に南下して真珠湾にせまった。六隻の空母の背には、飛行機がぎっしりと翼をつらね、最後の点検が実施されている。明日は、魚雷をいだいて真珠湾上空に殺到するのだと考えると、点検する整備員の目も懸命の色にあふれていた。搭乗員たちも、一様に緊張して愛機のそばにたたずみ、兵器の手入れに余念がなかった。このとき旗艦赤城は連合艦隊司令長官山本五十六大将から一通の訓示電報をうけとった。／「皇国ノ興廃コノ一戦ニアリ、各員粉骨砕身努力セヨ」／この訓示は直ちに艦隊全乗員に伝えられた。そして赤城のマストにZ旗がスルスルとあがった。かつて三十数年のむかし、波浪高き日本海上、三笠のマストにひるがえったあのZ旗。／「戦いのとき到る」／全乗員の血がじーんと鳴る。艦隊はしぶきを蹴立ててまっしぐらに突き進んでゆく」

まさに血湧き肉踊るというか、日本海海戦と重ねあわせられて出来事が彩《いろど》られる。戦記物の伝統の反響もある。そしていよいよ飛行隊が真珠湾に向けて出撃する。

「高度二〇〇〇メートルあたりは、密雲がたれこめていた。編隊群はしだいに高度をあげ、わずかな雲のきれめをぬいつつ雲上にでてその姿を海上から遮蔽した。雲上飛行である。やがて東の空がほのぼのと明るみはじめる。真黒にみえていた脚下の雲が、しだいに白みをおびてくる。空が、コバルト色に光りはじめる。やがて、太陽が東の空にのぼってきた、

(13)　高橋孟『海軍めしたき総決算』(新潮文庫、一九八四年)。
(14)　淵田美津雄『真珠湾攻撃　太平洋戦記』(河出書房、一九六七年)。

もえるような真紅。そして真白な雲海のまわりは、黄金色にふちどられてゆく。／「グロリアス・ドーン！」／淵田中佐は思わず叫んだ。そして風防ガラスを開き、背後をふりかえって編隊群を眺めた。一番近くの機にのっていた小隊長岩井大尉が手をあげて笑っている。どの銀翼もいっぱいに朝日をうけてかがやいていた」

いかにも戦記らしい勇壮な場面です。書き手の淵田中佐は真珠湾攻撃の指揮官だから、大変に責任が重いんですね。当時の技術では、飛行機で空母から飛んで、海上を渡って攻撃してまた帰ってくるなんてことは相当に難しい。だから景色に見とれるどころの話じゃなかったと想像されるんですが、ここでは風景を美しく描写している。出撃という日常から切り離された場所で異化された風景、それをいわば近代小説の技法でもって書いている。戦争が美的に描かれています。日本語の近代小説が培った感覚が広く一般化していたことがよくわかる。

その一方で、出航以来、船の下層にある烹炊《ほうすい》所で、毎日毎日旧兵の制裁にびくびくしながらごはんを作っていた主計兵はどうだったかというと、訓練ではなく、いよいよ本当の戦闘だというんで、第一種軍装に着替えて作業をしている。攻撃の日の朝、いつものように烹炊所にいると、館内スピーカーから「総員見送り方」の号令が流れてきて戦争がはじまったことを知る。「私は味噌汁を作っていた。いつも艦内スピーカーからの号令は、私達主計科に関係するものはほとんどないので、いつも聞き流しである。その朝もいつものように聞き流していたが、いよいよ始まったのかな……と思っていた程度で、特別な感動を覚えて〝血は燃ゆる〟なんてことは、決してなかった。私達は湯気の〝燃える〟烹炊所で汗を流しているだけだ。普段なら下着一枚で作業するのに、第一種軍装の着用とあって、暑いのにうんざりしていたのである。／それが、例の「帝国陸海軍は今八日未明、西太平洋において……」の文句で始まった太平洋戦争の火蓋が切られた瞬間だったのだ」「その日も献立は普段と変わらなかった。艦内はお祭り気分といった感じはあったが、鯛の塩焼きを作って祝った記憶はない。戦争が始まった、といっても弾丸のひとつも飛んで来るわけでもなく、臨戦準備のときには締める通路のハッチも締めていなかったように思う。いわば普段とかわらない艦内風景である。——（中略）——私はなんだか物足りない気がしたものである。なあんだ、戦争って、こんなものか……と思ったものだ。こんなことなら「戦闘がもっとあればいいのになァ……、戦闘がある間はお祭り気分で、旧兵の文句も少ないし、ビンタもないから……」と思ったくらいである」

おなじく真珠湾攻撃に参加していても、立場や部署によって全然体験が違う。考えてみれば当たり前で、作戦が立案されたり実行されたりしているときにも、食事は要るわけです。何がどうなったか、攻撃の様子なんて全然知らずに、ひたすらご飯を作り続けていた人がいた。こちらは日々繰り返される業務が、「血燃ゆる」戦記物の伝統にも、近代文学的「風景」にも関係なく、ユーモアをもって描かれる。こういうユーモアこそが本当の意味の文学性だといえると思いますが、それはともかく、こういうふうに視点の異なるテクストを並べることで、戦争ははじめて立体的に捉えられると思います。

加藤　このように読むと面白い。立体的に戦争を描くということでいえば、奥泉さんの作品の参考文献を見ますと、たとえば『グランド・ミステリー』[15]（一九九八年）の巻末には、光人社NF文庫や、朝日ソノラマの、知る人ぞ知るの、蟻の目系のラインナップが挙げられていて説得力がありました。また、違う話となりますが、戦争の日常の底を支える人々の目線での作品など、海外にはあるのか気になります。アメリカ、ドイツ、フランス、イギリスなどの戦争文学などを考えてみたとき、この『海軍めしたき物語』のような作品はあるのでしょうか。これは、調べてみる価値がありそうです。『キャッチャー・イン・ザ・ライ（ライ麦畑でつかまえて）』の作家サリンジャーの場合など、実のところ苛酷であった彼の従軍経験、また作品への影響などが伝記で詳細にわかるようになりました。彼は米軍の防諜部隊第四分遣隊の一員として、一九四四年六月六日のノルマンディー上陸作戦に参加し、シェルブール包囲下でドイツの捕虜を尋問し情報を取る苛酷な任務につき、四五年四月末にはドイツが作ったフランス兵戦犯収容所解放にも立ち会っていたことなど、死後に書かれた伝記で明らかになりましたね。[16]また、『スローターハウス5』で知られる米国の作家カート・ヴォネガット・ジュニアの場合、戦争末期にドイツ軍捕虜となってしまった「情けない」米軍兵士の目で、一九四五年二月の米軍によるドレスデン爆撃を体験的に描きました。[17]高等教育を受けた人の目ではありますが、たしかに二人とも蟻の視点からは見ています。ただ、サリンジャーもヴォネガットも、それは普通の人の目ではなく、あくまで作家の目なのですね。

それから、『海軍めしたき総決算』で面白いのは、数値なんですよね。「六カ月でも古い兵隊には潜在的に恐怖感を持っていたのが正直なところである」。海軍同士なら肩章ですぐわかるけど、陸軍さんとすれ違うときに新兵か旧兵かというのですごく微妙になるということが、南方作戦が始まると起こる。あるいは、人間のある種の割合ということに彼は

(15)　奥泉光『グランド・ミステリー』(角川文庫、二〇一三年)。
(16)　ケネス・スラヴェンスキー『サリンジャー　生涯91年の真実』田中啓史訳(晶文社、二〇一三年)一四五〜二二二頁。
(17)　カート・ヴォネガット・ジュニア『スローターハウス5』伊藤典夫訳(早川書房、一九七八年)訳者あとがき、二八七頁。

鋭くて、「私の在艦中も殴る上級兵と殴らない上級兵がハッキリと別れていた。その割合は殴らない方がはるかに多く、殴るのは分隊員を一〇〇として十名か十五名位ではなかったかと思う」。あとは、ハンモックの高さが「一メートル四十五センチ位の高さになるだろう」とか、「私の海兵団教育中の成績は、分隊中の十六番だった。一分隊が百六十名だったから、一六〇分の一六ということになる」とか。何番中何番の成績なら特攻機に乗れるとか、海の中でヘルメット状のものを被って敵を待つ、特攻兵器の一つである伏龍組に行くかが決まってしまう。学徒兵も同じで、成績至上主義の禍々しさがよく伝わってくる。

奥泉　一方の『真珠湾攻撃』のほうの表現のありかたにも触れておくと、戦記物の伝統とか近代小説の技法なんて言いましたけど、簡単に言えば、ひたすらかっこいい。たとえば、「指揮官機のそばには飛行隊の整備員の先任下士官が待っていた。そして彼が飛行機に搭乗するのを助けながら、白布の鉢巻を手わたし／「これは整備員たちから自分たちも真珠湾におともしたい気持で心をこめた贈りものです。どうかもっていってください」／淵田中佐は大きくうなずいた。そしてそれを受け取って飛行帽の上からキュッと鉢巻した」。

加藤　まるで映画の一場面のようですね。

奥泉　僕は『グランド・ミステリー』を書いたときに、主人公に潜水艦乗りの士官、副主人公に航空整備の准士官を据えたんです。だからこのあたりのことはかなり調べました。

真珠湾攻撃の段取りなんていうものは、考えてみたら大変なわけですよ。狭い船のなかに飛行機がたくさんあって、それを順番にエレベーターで飛行甲板に上げて、整備して飛ばして。あんなことよくできたなと思います。それはともかく、僕は自分の小説のなかで、『真珠湾攻撃』ふうの勇壮活発な場面も書いています。それも戦争を描くとき一定のリアリティーがある。しかし、それとは対比的な、艦内の日常の出来事――ときに非常に陰惨だったりする出来事を即物的に描く視点を並行させることで、物語を多層化しようという狙いがあった。『真珠湾攻撃』は美的に描かれる戦争の一つの典型として挙げられると思います。

機械と技術

加藤　巨大な城としての戦艦について思い出すのは、鋼の塊である艦艇を、機械として徹底的に描写することで戦争への批評性を獲得した、プロレタリア詩人・大江満雄の詩[18]を思い出しました。「四方海《よものうみ》」と題された詩ですが、「〔前略〕きのふ海戦に勝てど　けふ我が方も撃沈さるとおもへ　かの渺渺たる海　おもひ見よ　機械と機械との戦ひ[19]」というもの

(18)　渋谷直人『大江満雄論　転形期・思想詩人の肖像』（大月書店、二〇〇八年）。

です。この、機械と機械との戦いという、突き放し方が良いと思いました。このような艦から飛行機が飛び立ったわけですね。

奥泉　いちばんすごいのは、着艦ですよね。それと航法。空母から敵基地まで、ものすごい距離を飛んでいくわけじゃないですか。当時はまだレーダーがそんなにちゃんとしてないから、風速の計算とかをずっと計算尺とかを使いながらやって進路を決める。部隊を引率する三人乗りの雷撃機に乗っている人がずっと計算し続ける。その人が万が一間違えたら、全部が関係ない所に行っちゃう。大変ですよ。

加藤　速度二四〇キロでどう飛んでいたかという……

奥泉　すごい技術ですね。

加藤　たしかに。

奥泉　でもそうした技術はレーダーが進歩すると、あっという間に無意味になる。こういうことはよくあることですよね。テクノロジーがある方向であまりに純化しすぎたため、そこから出られなくなってしまう。

加藤　いま、『昭和天皇実録』を大学院生の演習で一生懸命読んでいるところなのです。一九三四、五、六年、昭和九、一〇、一一年あたりです。印象的だったのは、この時期、陸軍でも海軍でも、飛行機事故が本当に多いのです。訓練時の墜落事故ですね。非常に無理をして、航空部隊の技倆を上げようとしていました。第一次世界大戦で飛行機を使用していた欧州各国との差が歴然とするなかで、また戦法も変わる。日中戦争前の時期の軍令部次長時代の嶋田繁太郎の日記[20]などを見ますと、ワシントン・ロンドン海軍条約を脱退する一九三六年に向けて、空母の甲板などの補強工事が進展しているさまがうかがえます。飛行機を載せる甲板自体がどんどん改良される一方、艦載機の改良も進む。この二つが同時に進行するわけですから、現場はきわめて錯綜していたはずです。

奥泉　そうなんだと思います。たしかに大した技術があった。たとえば着艦のときには、油圧式の金属のラインを四本張ってあって、そこに脚を引っ掛けてギューンと止まる。真珠湾攻撃の頃は猛訓練を重ねていたから、今日は何本目に引っ掛けるみたいなことができる名人がいたらしい。そうした技術は、訓練過程での犠牲のうえに築かれたんでしょうね。しかし、こうした方向の技術の錬磨だけでは戦争に勝てないとだんだんと気づくわけですよ。日本が芸術的な技術の洗練をしている間に、アメリカは性能のいい飛行機をどんどん

(19)　同前書一七六頁。
(20)　軍事史学会編、黒沢文貴・相澤淳監修『海軍大将　嶋田繁太郎備忘録・日記』Ⅰ（錦正社、二〇一七年）。たとえば、一九三五年一二月三日条、三頁など。

作った。

加藤　コモディティという言い方がありますが、日常の生活必需品として車が普及していた英米のような国では二千馬力の飛行機を作れます。また、アメリカの場合、女性が普通にリベットを打つ軍需工場で大量生産する。工作機械の優秀さを含めて、英米の底力はこういうところにもありそうです。普通の国民の民力を効率的に動員するという点では連合国の方がまさる。

奥泉　そうですね。日本はそうじゃないんですよ。職人的な技量に頼るんです。現場の技術者の勘みたいなものが大事になる。僕が副主人公に選んだ整備の准士官は、ある意味でいちばん偉いんですよ。水兵から叩き上げの超優秀な人。現場における技術力という意味では神様みたいな人。そういう人たちが軍艦を動かしているんです。現場の随所に神様がいるんですよ。でも、彼らの技術は普遍化できない。そのことが大きな欠陥になったし、いまもなり続けているかもしれませんね。これは山本七平が繰り返し主張していることです。

生活と物品から見た軍隊

加藤　山本七平に行く前に、棟田博『陸軍いちぜんめし物語』(21)（一九八二年）も読んでおきましょう。

奥泉　この棟田博という人は、いわゆる兵隊小説を書いた人で、一九八〇年代から、『陸軍よもやま話』にはじまる、軍隊懐古もののシリーズを光人社から出しています。これがとても面白いんですよ。戦後派の作家たちが描いた軍隊は、戦時中の話だということもありますが、内務班の制裁とか、陰惨なものが多いんだけれど、これはそれより前の時代の軍隊をノスタルジックに描いているんですね。批判的な視点がまったくないわけじゃありませんが。

加藤　たしかに、いま読み返しますと、意外な感じがします。日中戦争が始まる一九三七年は、満州事変の三一年からすれば六年たっていたわけです。しかし、この頃までは、軍隊の内の方が、疲弊した農村の生活に比べれば、豊かと感じられる部分もあったことがわかります。

奥泉　そこは強調してもいいですね。『陸軍いちぜんめし物語』の最初のほうにこう書いてあります。「母が面会に来てくれて、どんなものを食べているのか案じているというので、家よりはご馳走を食べているというと、信じられない顔つきをしたが、事実、あの時

(21)　棟田博『陸軍いちぜんめし物語』(光人社NF文庫、一九九四年)。

代の一般家庭の食事にくらべると、たしかに当時の軍隊の食事は上等であり、ご馳走の名にふさわしいものだったと思う」。昭和一桁の頃は、一般家庭よりも軍隊のほうが食べ物がいい。

加藤 そうです。和食のほかに洋食も出ていた。味噌汁のバリエーションの素晴らしさも書かれていますね。「ぼくの記憶では、在営二ヵ年の間に味噌汁のなかった朝は、正月元旦だけであったと思う。つまり、三百六十四日、朝の食事には味噌汁がついたということであった。正月元旦に味噌汁がなかったのは雑煮だったからである」

奥泉 松本清張も言っていますが、社会の下層の人たちにとっては軍隊は決して悪い所じゃなかった。

加藤 公平性という点でも目が開かれますね。兵隊であれば男でも、普通にお裁縫もやれば、ベッドメイクもする。裁縫講座の場面。「ボタンのつけかたが、最初の実習だったと憶えている。鉄砲持つ手に針ときては勝手が大いにちがう。ぼくはこれまで、針など持ったことがなかった。たかだかボタンのつけ方くらいというが、どうしてバカにできないのである」

奥泉 そういう軍隊の持つ社会的な意味は、日本に限らず、普遍的にあったんだと思います。軍隊というものが持つ近代史のなかでの意味を加藤さんは何度もお書きになっている。

加藤　はい。ただ、軍隊といっても、場所と時期によってずいぶん違いますね。一年のずれでも大きく違う。個人の体験の普遍化には、奥泉さんも最初から批判的にご覧になっていたと思います。

奥泉　はい。体験記はいっぱいあるけど、書き手がいつどこにいたかによって全然状況が違ってしまうことを常に意識しなければいけない。

加藤　眉に唾つけながらも、しかし新鮮な驚きで聞けるかどうか。

奥泉　そうですね。実際に体験した人が「いや、そんなんじゃなかった」と言ったとしても、それを必ずしも絶対化はできない。難しいところです。

加藤　体験のあり方という意味では、軍隊における物品の扱い方も面白いです。最新型も配備されるけれども、古い物をずっと使い続けもする。『陸軍いちぜんめし物語』にも面白いことが書かれてありますね。歩兵第一〇四連隊は「昭和十二年九月に編成されたが、出征に際して支給された乾麺包には、明治三十八年製の表記があったそうで、また牛缶は、大正初年製造のものだったという。／すると、乾麺包は三十二年、牛缶のほうは二十数年昔のものというわけで、いうなれば日露戦争ごろの口糧を、シナ事変の兵士が携行して野戦へ赴いたことになる」。また、こうも書いてある。「初年兵のころ炊事の使役に出て、常用倉庫の米俵を炊事場へ運んだことがあったが、「明治四十三年納入」とあるのをみて、思わず、「ほ、ほう！」と声を出したことがある。／するとこれは、ぼくが三つの年に穫れた米なのか。一ト握り掌にのせて、つくづく眺めたものだった」

実は、私の父は一九二三年、大正一二年生まれで、一九四四（昭和一九）年に召集されました。そのとき、記念写真として残すために着る第一装は別ですが、普段の生活や訓練で支給された内務班用の服は一九二三年製だったといいます。まさに自分が生まれた年の作業衣を貰ったということに驚くとともに、物持ちがいい組織であるし、これが陸軍の文化なのだなとわかったと、そう言っていました。このように節約に節約を重ねて、でも最後まで新品は使わずに、敗戦後の復員の時に将兵に分ける、といったまことに残念なこともやっていました。

奥泉　陸軍は海軍よりも組織が大きいので、多様性も大きいですね。僕は小説を書こうと思って、海軍のほうをずっと調べていました。陸軍はあまりやれていないんですが、ちょっと調べはじめると、陸軍の組織の大きさは圧倒的ですね。

加藤　もはや一つの国といってもよい。

奥泉　だから陸軍がどういうものだったか、全体像を捉えるのは簡単じゃない。戦後、陸軍が悪玉ということにされて、ステレオタイプに流通したイメージはあるけれど、実はそうじゃないものもたくさんあるわけで、全体を見渡すのはなかなか大変です。

加藤　たしかに、たとえば硫黄島で戦った栗林忠道中将は、硫黄島に赴任する前は満蒙、「満州国」の西側で、ソ連軍が侵攻してくる予定の正面の戦場を受け持っていた人です。硫黄島の部隊は原始的な築城しかできませんが、一方で将兵はといえば、米軍の暗号や通信を聞くために実は英語を理解する者が多かったといいます。築城ということでいえば、ソ連軍の侵攻ルートと考えられていたソ満国境などは、随分立派なコンクリート製の地下道がありました。ただ、ここを一九四五年八月にソ連が侵攻した際には、肝心な中枢部隊は南方に抽出されてしまって、将兵の質という点では話にならなかったといいます。北と南の双方がちぐはぐでした。

奥泉　補給なしの敢闘精神ばかりの強調とか、バンザイ突撃とか、陸軍の非合理性はしばしば指摘されますが、そのイメージだけで捉えていいのかどうか。

さまざまな立場、さまざまな体験

奥泉　何度も言うようですが、とにかく単一のイメージ、物語のなかで捉え、語ったのでは駄目なんですね。また海軍にもどっちゃいますが、吉田満『戦艦大和ノ最期』(22)（一九七四

(22)　吉田満『戦艦大和ノ最期』（講談社文芸文庫、一九九四年）。

年）という小説がありますね、これは立派な作品で、評価も高い。一場面だけ紹介すると、若い少尉、中尉が集まるガンルームで、勝算のない大和出撃について烈しい議論がある。ただ沈められるためだけに出撃するのは無意味なんじゃないか。そう問うて死の意味を求める学徒士官と、天皇の命令に従って死ねばいいんだとする兵学校出の士官が殴り合ったりする。そういう状況がある。「痛烈ナル必敗議論ノ傍ラニ、哨戒長臼淵大尉（一次室長、ケップガン）、薄暮ノ洋上ニ眼鏡ヲ向ケシママ低ク囁ク如ク言ウ／「進歩ノナイ者ハ決シテ勝タナイ　負ケテ目ザメルコトガ最上ノ道ダ／日本ハ進歩トイウコトヲ軽ンジ過ギタ　私的ナ潔癖ヤ徳義ニコダワッテ、本当ノ進歩ヲ忘レテイタ　敗レテ目覚メル、ソレ以外ニドウシテ日本ガ救ワレルカ　今目覚メズシテイツ救ワレルカ　俺タチハソノ先導ニナルノダ日本ノ新生ニサキガケテ散ル　マサニ本望ジャナイカ」／彼、臼淵大尉ノ持論ニシテ、マタ連日「ガンルーム」ニ沸騰セル死生談義ノ一応ノ結論ナリ　敢エテコレニ反駁ヲ加エ得ル者ナシ」。ここはとても有名な箇所で、感動を呼ぶところでもある。しかし、これまた何度も言うようですが、このとき艦艇の底の方にいた人たちとの対比が必要で、それを総合的に捉えなければ駄目だというのが僕の主張です。死の意味がどうのこうのなど考える暇もなく、ひたすら上官から追い使われて、何がなんだかわからないままに死んじゃった人たちが大勢いた。大和が出撃したときだって、ご飯を作っている人がいたわけですよ。

加藤　まさにそこです。

奥泉　「今度の出撃は生きて帰れない」くらいの情報はあったかもしれない。でも、世界に冠たる大和だし、たぶん大丈夫じゃないか、くらいの気持ちでいた人たちが大勢いて、彼らの多くは上級兵に殴られないようにするにはどうすればいいかということだけを考えて、目先の業務に没頭していた……。

加藤　現代からイメージしづらいのは、巨大な艦艇が沈没するとき、どのような様子なのかということですね。沈没の渦に巻き込まれない距離まで全力で艦から離れなければならない。これは恐ろしいことです。作家の柴田錬三郎は広島・宇品の暁部隊にいました。これは、将兵を前線に送る輸送部隊で、彼は衛生兵でした。柴田の『わが青春無頼帖』(23)（一九六七年）には、バシー海峡で潜水艦の一撃を食らって沈没したときのことが書かれています。「船首を天に直立されて沈もうとする一万トンの船の甲板から、水面をのぞくと、恰度、十階のビルの屋上から街を見下ろすあんばいである。／「跳べっ！」／連絡将校の号令とともに、私は、甲板から海めがけて、身を躍らせた。／一万トンの巨体が、水面から没する瞬間は、きわめて急速であり、もの凄い渦をまき起こす。／人間は、その渦にひ

（23）　柴田錬三郎『わが青春無頼帖』（中公文庫、二〇〇五年）。

き込まれてしまう。(……)渦の中へひきずり込まれて、再び浮きあがる際に、船の中から吐き出されたあらゆる器物がもの凄い勢いで浮上して来るのに、ぶっつかって、生命をとられる危険があった」。だから全力で跳び込み、とにかく必死に泳いで船から離れなければならないというわけです。

重油の海に投げ出されることも想像しがたい話です。武蔵クラスの船が沈んでいくときには重油の量が違う。するとどういうことになるのか、渡辺清『砕かれた神』の中にありました。武蔵の場合は爆発をおこして沈んでいくのですが、渡辺はその渦に巻きこまれて海中に引きずり込まれ、二度目の爆発でふたたび上に吹き上げられます。「あの時は苦しかったなあ……。爆発の衝撃で体じゅうに痛みがさしこんでいたし、下腹はのみこんだ海水ではちきれそうにふくらんでいたし、それはいくら吐こうと思っても、ねばねばした重油が咽喉にからんでどうしても吐き出せなかった。はげしい悪寒と窒息感……」。彼は足のこわれた椅子をつかんで漂流する。「椅子から手をはなしてむりに沈んでみたり、あげくに舌を噛みきろうとしたりした。そして何度もそれを繰り返した。だが死にきれなかった。体の方が死のうとする意志にそむいていうことをきかなかった」。この武蔵級の沈没のすさまじさには、驚かされました。

奥泉　『戦艦大和ノ最期』もそうだけど、士官級の人たちが書いたテクストが多くあって、そこで語られる戦争あるいは戦闘のイメージが一方にあるんだけれども、乗組員の大多数を占める下士官兵が、巨大な船の中でどう組織され、思考し行動していたかについては、もっともっと表に出て理解されたほうがいいんじゃないかと思うんですね。じゃないと、戦艦大和の出撃なんかが、ひたすら美的でセンチメンタルな物語のなかに閉じ込められてしまう危険がある。そういう意味で渡辺清の手記は貴重です。戦艦「武蔵」での体験を描いた『海の城』などは、かなりフィクショナルに書いている面があって、評価が難しいところなんですが……。『海軍めしたき物語』の高橋孟も書いていますが、海兵団での最初の訓練の三カ月がほとんど天国だったと思えるような凄惨な地獄が艦隊では待っている。軍艦というのは一個の巨大な戦闘機械なので、兵員はそこの部品になっちゃうわけですね。一部品として扱われることの非人間性というかな。これは陸軍の最下層の兵隊とまたちょっと違う苦痛なのかもしれません。

これは半分冗談なんですが、かつての日本の軍隊にいま行かなければならないとして、陸軍と海軍のどっちに行きたいか。兵役の年限の問題をおくとしたら、たいがいの人は海軍のほうがいいと考えそうです。僕もむかしはそうでしたが、いまは絶対陸軍だと思っています（笑）。海軍は士官ならいいですよ。でも、一兵卒だったら断然陸軍ですね。たとえば陸軍は行軍が大変です。でもね、それは自分の足で歩くわけでしょう。自由――という言葉は全然ふさわしくないけど、わずかに自由の余地がありそうに思える。対して海軍は戦闘機械の一部品にならなければならないわけですからね。

これからアジア・太平洋戦争のイメージは、直接体験した人がそろそろいなくなってきましたから、いっそう物語化される時代を迎えると思うんですね。そのときに、士官の視点ばかりでは駄目で、むしろそれを批評的に捉える視点が必要です。その一つの代表として渡辺清の本は貴重だと思います。

加藤　組織とか国家とか政治や制度、つまり個人を包む集団を描くというのは、奥泉文学のある種の特異なところで、戦争を扱っていないものでも組織的な暴力とかそういうのを考えられてきた。そういうものに興味がおありになることと通底していると思いますね。

先ほどの話でいえば、私は、潜水艦ですね。ひたすら海の底を航行している中で、静かに本を読んでいるという、ありえない想像をしたりすることがあります。

奥泉　潜水艦がいちばん家族的な雰囲気だったようですね。逆に、武蔵とか大和とか、あるいは連合艦隊の旗艦なんかになると、殺伐としていて、下級兵は大変だったらしい。実際の戦闘がないぶん、訓練が凄惨になる。

加藤　これは想像がつきます。

奥泉　このことはいろんな人が書いています。海兵団での訓練が終わって配属先が決まるとき、みな最初は、横須賀だったら、武蔵とかそういう大きい船がいいと思っていたんだけど、まもなくそう思わなくなる。なるべく小さい船がいいとなる。そういう意味では、潜水艦がいちばん……

加藤　楽しい。不謹慎ではありますが、もちろん、仮想の話です。

奥泉　楽しい……かな？（笑）。いちばん損耗率が高いですからね。

現代日本のこと？——山本七平『一下級将校の見た帝国陸軍』

加藤　次は山本七平にいきましょうか。

奥泉　『一下級将校の見た帝国陸軍』(24)（一九七六年）は名著ですね。

加藤　私もそう思います。何度読んでも、その度に新しい発見があります。

奥泉　いままさに読まれるべきだと思う。

加藤　ある台湾からの女性の留学生が、この本はすごく面白かったと言っていました。なぜかと言えば、日本の組織を理解するのに役立つと。これを聞いたとき、そのようなものかなと思ったのですが。

(24)　山本七平『一下級将校の見た帝国陸軍』（文春文庫、一九八七年）。

奥泉　現在の日本のことを書いているとしか思えない。

加藤　一つ一つの描写が明晰なんです。文章が。

奥泉　自身の体験に深く裏付けられながら、非常に明晰な分析をくわえている。これ以上に怜悧な日本陸軍、ひいては当時の日本の国家体制に対する分析はないと、今回読んでまた思いましたね。

加藤　同感です。

奥泉　繰り返しますが、いまのことを書いているようにしか思えない。組織の自転の問題とか、員数主義――形式さえ整えばそれで良しとする官僚制の持つ根本的な特質とかね。興味深い指摘がいっぱいある。

加藤　私がまず挙げたいのは、冒頭近くの次の箇所です。学生である山本が初めて徴兵検査を受けにいくと、「机の向こうの兵事係とは別に、こちら側の学生の中で、声高で威圧的な軍隊調で、つっけんどんに学生たちに指示を与えている、一人の男を認めた。在郷軍人らしい服装と、故意に誇張した軍隊的態度のため一瞬自分の目を疑ったが、それは、わが家を訪れる商店の御用聞きの一人、いまの言葉でいえばセールスマン兼配達人であった」。いつも愛想笑いを浮かべて、家に出入りしていた、御用聞きの男が豹変していた。山本があっけにとられて見ていると、「その視線を感じた彼は、それが私と知ると、何やら非常な屈辱を感じたらしく、「おい、そこのアーメン、ボッサーッとつっ立っとらんで、手続をせんかーッ」と怒鳴った。そして以後、検査が終わるまで終始一貫この男につきまとわれ、何やかやと罵倒といやがらせの言葉を浴びせ続けられたが、これが軍隊語で「トック」という、一つの制裁的行為であることは、後に知った」。そしてその御用聞きは中佐に対しては「もみて・小走り・ゴマすり・お愛想笑いと、自分を認めてほしいという過大なジェスチュアの連続であった」。この「一瞬の豹変」を「事大主義」として、いかにも日本人的現象と分析していくわけですが、これは伊丹万作なんかもしょっちゅう言っていますし、また、丸山眞男の言う「亜インテリ」より少し下になると思いますが、軍というものは、国家が戦争中でなければ、おそらく一生、人さまに命令など下せなかった人たちを浮上させます。そのように浮かび上がってきた人々を、平時において上流・中流階級の側にいた人々が揶揄的に批評するのは、もちろん一つの語り方なのですが、それに「事大主義」という言葉をあたえて書くというのがすごいですよね。

奥泉　ほかにも「だれも知らぬ対米戦闘法」の章とかは本当に面白いですよね。一九四三（昭和一八）年八月の中頃に「本日より教育が変わる。対米戦闘が主体となる。これを「ア号教育」と言う」と区隊長から聞かされる。いまごろになって？　と山本は衝撃を受ける。「危機は一歩一歩と近づいており、その当面の敵は米英軍のはず。それなのにわれわれの受けている教育は、この「ア号教育」という言葉を聞かされるまで、一貫して対ソビエト戦であり、想定される戦場は常に北満とシベリアの広野であっても、南方のジャングルではなかった」。昭和一八年八月になってようやく対米戦争に教育方針を変えると決定される。でも、結局は変えられなかった。なぜ変えられないかが分析されて、一つの結論として、「私には連隊のすべてが、戦争に対処するよりも、「組織自体の日常的必然」といったもので無目的に〝自転〟しているように見えた」。これですね。「事実、この膨大な七十年近い歴史をもつ組織は、すべてが定型化されて固定し、牢固としてそれ自体で完結しており、あらゆることが規則ずくめで超保守的、それが無目標で機械的に日々の自転を繰りかえし、それによって生ずる枠にはめられた日常の作業と生活の循環は、だれにも手がつけられないように見えた。そしてこれが米軍がサイパンに上陸する四カ月前の連隊内の日常であった」。いやあ、そうだったんだろうなと、つくづく思うんですね。ここは一種の結論を言っているところですが、ここに至る洞察も非常に的確で、まったくそうだなとしか言いようがない。組織に固着する形式主義というか、超保守主義というか……。

加藤　日本人が前例主義と保守主義を打破しうるのは、明治維新などの例を考えてみても、上から下までの国民全部にわたる強烈な敗北体験と危機意識なのではないでしょうか。盤石無比だと思われていたものが、ある日、あれっという間に崩れることがある。

もう一つ、実のところは文弱ではなかった人である山本七平の面目躍如といった描写が光るのは、「死のリフレイン」という章です。フィリピンのジャングルの中、川を渡る場面、大変に重い山砲を移動させるのがいかに大変であったか。「理由は、この砲は非常に座高が低いから、車輪つきで繋駕《けいが》のまま曳いて水流を渡ろうとすれば、せいぜい膝までの浅瀬が限度である。だがこの砲は、小型のくせに、その外形からは想像もできぬ重量をもっていた」。車輪が川底の何かにはまりこんで転倒しないようにしたり、あるいは分解搬送するにしても、軍靴の底がつるつるとすべる川底を、曲芸のようにして渡らねばならない。これをやった人たちなんですよね。対ソ戦向けに作られた山砲が南方戦線でいかに役立たずであったか、読んでいただけでもう胸が潰れる思いがしました。

そのように見てきますと、奥泉さんの『浪漫的な行軍の記録』で本当に感心するのは、もちろんこの山本七平をご覧になった上でも書かれているでしょうけど、この山砲という兵器の描き方ですね。第一分隊には真正の砲が割り当てられたが、「私」が属する第二分隊にはダミーの砲が割り当てられます。これが「国体の精華」と名付けられるんですね。この「国体の精華」がもっとも優れた砲である理由。「移動ともなれば、我が「国体の精華」は絶大なる威力を発揮する。そのなんと軽快にして俊敏な機動性であることか！　あらゆる世界の軍事史において、「国体の精華」以上に高い運動性を有する大砲は存在しないのであった」。この風刺。そして、この二つの大事なものを踏まえて、もうフィリピン戦、レイテ戦、何に困ったかというと、山砲であると。私は泣き笑いしながら読みました、素晴らしいです。面白すぎる。

奥泉 馬で引っ張ることが前提になっているのに馬がいない。そんな不条理が軍隊にはたくさんあって、なぜそうなるのかの山本七平の分析が素晴らしい。一口でいうと、形式主義、員数主義ということですね。実情とは関係なく、作文された報告の辻褄さえ整っていればそれでよいとされる。それが積もり積もれば、あきれるほど実体はすかすかになる。何もできない状態になってしまう。この分析は、いまの日本の組織に対してもなおリアリティのある分析になっていて、優れているなとつくづく思いました。

加藤 優れていますね。幹部候補生教育がまだ二年やられていたときと、もう速成の半年間だけという時期とでは違っていて、陸軍は学生を信用しない組織だとか言われていても、抽象的な思考力に長けているという点では学生を採りたかったというのも半分あると思います。超促成教育で飛行機の操縦士にするには、やはり高等教育を受けた人が必要となりましょう。山本七平の出身校である青山学院も「アーメン」大学とか揶揄的に書かれてしまっておりますが、そこにいた文弱であったはずの人をここまでの将校にできたというのは、逆に言えば、戦争をする国の「教育」はなかなかにすごいぞということも意味しておりまして、そこは少し感心しました。

奥泉　なるほどそれはそうですね。山本七平は一九四二（昭和一七）年秋の入隊で、豊橋の砲兵学校で教育を受けている。昭和一七年段階ではまだそういうシステムが、「組織の自転」といえどもあった。しかし翌年から学徒出陣がはじまって、そこからはもうちゃんとした教育とかいう話じゃなくなっちゃう。システムは瓦解して、入隊即現地での教育になる。しかもそもそも現地へ行く前に輸送船が沈められてしまう。その世代の人たちがいちばん亡くなっています。その直前に山本七平は予備学生で軍隊へ入ったわけで、彼の観察と洞察が残ったのはよかったと思いますね。ぜひ読まれるべきです。

加藤　あと本文中の地図や写真、イラストも本当に大事です。

大岡昇平の手法

奥泉　……となると、大岡昇平も挙げないわけにいかないですね。『レイテ戦記』[25]（一九七一年）は今さら言うこともないんだけど、レイテ戦をトータルに捉え、叙事詩として残そうとしたエネルギーに敬服するし、ああいう形でレイテ戦の全体像が作家によって描き残

（25）　大岡昇平『レイテ戦記』全四巻（中公文庫、二〇一八年）。

されたことは、歴史的にも文学史的にも価値のあるものだなとつくづく思います。

加藤　奥泉さんは、『戦争文学を読む』という本で川村湊さん、成田龍一さんと鼎談をされていますね（「大岡昇平『レイテ戦記』を読む」[26]）。この中で私がいちばん大事だなと思ったのは、奥泉さんが『レイテ戦記』について、近代小説の手法を捨てている、と評した発言です。「大岡昇平は、個の立場から戦争なり現実を描くという近代小説の手法は捨てていると思う。むしろ方法としては、叙事詩の方法です」。そして、「個と普遍性が無媒介に結びつく形を徹底的に否定しているという点で、僕はまず『レイテ戦記』を評価できる」。

奥泉　それは僕が言っているんですか？

加藤　そうです。いいこと言ってますよ（笑）。すごいですよ。その上で、『レイテ戦記』より『神聖喜劇』[27]（一九七八〜八〇年）のほうが評価できるというようなことをおっしゃっています。面白い視点だと思います。

奥泉　たぶんそのとき考えていたのは、組織を描くこと、あるいは組織のなかの人間を描くことが重要なんだという点だと思います。『神聖喜劇』への評価はそこからきている。そのとき対比的に念頭に置いていたのは『野火』[28]（一九五二年）です。『野火』は『野火』で素晴らしい小説だけれど、『レイテ戦記』のほうに価値があるんだというふうに当時は思っていたんですね。その最大の理由は、『野火』の主人公が孤立した個だということです。組織が解体してしまった後の世界を個が経巡る。これは日本型の自然主義リアリズムの典型といえなくもない。社会から離れ孤立した者の眼に映る世界を繊細に描いていくという、身辺雑記につながっていくような私小説的伝統に対する批評意識があったんですね。組織や社会から遊離した個が普遍に思いを馳せ、眼に映る風景を美しく描く。その方向へのアンチがあった。しかし現在は、『野火』はただの叙情で終わっていない凄みがやっぱりあるなと、評価を改めています。

加藤　監督であり俳優である塚本晋也さんが『野火』を映画化しましたよね。私はあの映画を二回観ました。映画で観ると、あれ、塚本さん、こんな脚色していると思って、原作に戻って読み直すと、実のところ非常に忠実に文学を映画にしていることがわかる。塚本監督、脚本にこんなこと書いちゃって全然違うんじゃないですかと思ったら、原作にそのまま書いてあると（笑）。花が喋り出して、「私を食べていいのよ」なんてことを言うんですよね。本当にそう書いてあるんです。塚本さんは、とても安い予算で撮ったわけですが、

（26）川村湊・成田龍一ほか『戦争文学を読む』（朝日文庫、二〇〇八年）。
（27）大西巨人『神聖喜劇』全五巻（光文社文庫、二〇〇二年）。
（28）大岡昇平『野火』（新潮文庫、一九五四年、改版二〇一四年）。

数人の敗残兵にフォーカスして『野火』を描くとこのように描けるのかということがわかって、本当に良い映画でした。

奥泉　なるほど。前半はけっこうリリカルなんですよ。「幾日かがあり、幾夜があった」なんていう書き方で、月を見たり、花を見たりしながら、浮かんでくる思念やイメージを書きとめていく感じは、質は高いけれど、自然主義リアリズムの伝統の枠に収まる感じがある。でも、そこで終わっていないんですよね。出くわしたフィリピン人の女性を突発的に撃ち殺してしまったりとかの地獄巡りの体験のなかで、個と世界との安定した関係が破壊されていく。個の徹底の果てに個が壊れていく、とでもいうかな、そういう迫力がある。ある機会があって丁寧に読んで評価を改めたのです。夜の場面とかいいんですよね。「夜、なおも雨が降り続ける時、私は濃い葉簇《はむら》の下を選んで横わった。既に蛍の死んだ暗い野に、遠く赤い火が見えた。何の灯であろう。雨の密度の変移に従って、暗く明るくまたたき、または深い水底に沈んだように、暈《かさ》だけになった。／私はその火を怖れた。私もまた私の心に、火を持っていたからである。／或る夜、火は野に動いた。萍草《うきくさ》や禾本科《かほんか》植物がはびこって、人の通るはずのない湿原を貫いて、提灯ほどの高さで、揺れながら近づいて来た。／私の方へ、どんどん迫って来るように思われた。私は身を固くした。すると火は突然横に逸れ、黒い丘の線をなぞって、少しあがって消えた。／私は何も理解することが出来なかった。ただ怖れ、そして怒っていた」。なんの火かわからないんだけど、とにかく火が怖い。主人公はもうほとんど獣みたいになっている。ここは迫力があります。

加藤　福岡県田川出身の井上陽水の歌に「なぜか上海」という歌があるのですがご存じですか。サビの部分で「海の向こうは上海」という歌詞があります。福岡でいえば、東京へ出るのと上海に渡るのと同じ感覚だろうな、と思えます。それより遠いレイテやラバウルというと、もう抽象的な名前というだけであって、よく親戚の戦死者を語るのに、「レイテに持っていかれて亡くなった」などという言い方をしますよね。戦争が自然災害のレベルで捉えられている感じの乾いた語り。その抽象的な場所に持ってこられ、置き去りにされ、一人生き残る、その兵士が絶対的な個として見上げる夜空の描写には、すごいものがあります。

奥泉　大岡作品のなかでは『俘虜記』(29)（一九四八年）が僕は好きです。日本語の「俘虜」と「捕虜」は、法的というか、原則的には変わらないですけど、ニュアンスには違いがある。「捕虜」は主体性があるけど、「俘虜」にはそれがない。これは厳密な定義じゃないけれど、さほど的外れじゃないと思う。「捕虜」は、ヨーロッパでは普通に見られたように、敵の

(29)　大岡昇平『俘虜記』（新潮文庫、一九六七年、改版二〇一〇年）。

収容所にあっても闘争を続けたりする。しかし「俘虜」はそうじゃない。大岡昇平は一九四五年の早い時期に捕虜になっていますが、その段階で収容所には捕虜がすでにいっぱいいる。日本軍の場合、戦陣訓の「生きて虜囚の辱めを受けず」だから、捕虜はいないことになっている。彼らは存在してはならない人たちということになる。だから非常に宙ぶらりんの場所に置かれているんですが、その俘虜たちの世界を描くことがそのまま日本の政治、社会、文化に対する批評になっている。「或る監禁状態を別の監禁状態で表わしてもいいわけだ」というデフォーからの引用のエピグラフのとおりです。

加藤　私は『レイテ戦記』の文庫の新装版で解説を書きましたので、この間、何度もこの本を読み返しました。冒頭近くで、「私が事実と判断したものを、出来るだけ詳しく書くつもりである。七五ミリ野砲の砲声と三八銃の響きを再現したいと思っている。それが戦って死んだ者の霊を慰める唯一のものだと思っている。それが私のできる唯一つのことだからである」というように、叙事詩の中に著者が顔を出しつつ、事実は書くんだけれども、やはり霊を慰められるような記述にしたい、負け戦だけれどもこれだけ頑張って戦ったのだというところを書きたいんだということを素直に描いている叙事詩、小説なんだというところが、私には面白かった。『レイテ戦記』の書き出しは、「比島派遣第十四軍隷下の第十六師団が、レイテ島進出の命令に接したのは、昭和十九年四月五日であった」でした。

これは、大岡が訳した、スタンダール『パルムの僧院』の出だしと静かに呼応しています。「一七九六年五月十五日ボナパルト将軍は、ロジ橋を突破した若い軍隊を率いてミラノにはいった[30]」と。大岡の場合は、スタンダールのように淡々とは書き続けられない。日本軍もこれだけ頑張ったということを、山本七平が砲を運ぶ苦労を書いたのとある種同じような重さで書いてしまっていますね。

奥泉　なるほど。つまり鎮魂ですよね。その思いは当然ながら非常に強い。ではどうやって鎮魂するのかというときに、起こった出来事を正確に描くことでするのだという立場には大いに共感できます。物語に閉じ込めることじゃないんですよね。亡くなった人たちを英雄化したりするんじゃない。『レイテ戦記』といえども、小説である以上、物語からは逃れられないんだけれども、しかし極力、物語性は排除していますよね。事実をしっかり叙述していく。もちろん事実とは何かという難しい問題がそこにはあるんだけれど、とにかく客観的な事実と思われること、いったい何が起こったのかを正確に伝えていくことが鎮魂なんだと。

加藤　米軍の記録から、日本軍の場合は兵士や下士官は一流だけれども、将校が全然駄目

(30)　スタンダール『パルムの僧院』大岡昇平訳、上巻（新潮文庫、一九五一年）一〇頁。

だということを語らせる。あなたたちの死は無駄ではないということを書いてやりたいという感じはものすごくしました。鎮魂なのだと思いました。

奥泉　こういう作品が残ってよかったですよね。

加藤　あと、意外なところでは、石川欣一さんの『比島投降記』[31]（一九四六年）を挙げておきたいと思います。この人物は大物でした。毎日新聞から日本占領下のフィリピンで発行されていたマニラ新聞へと出向していた。投降して以降のことを淡々と描き、堪能な英語を活かして米軍との交渉役も努める。淡々とした文章の最後での「破調」がとても良いのです。ようやく母国に到着するその時、甲板士官が乗船者に「この中に英霊を持っている者があったら、何個あるか、その数を届けて下さい」と訊く場面。「「英霊何個！　英霊何個！」僕は涙が出て、その涙はいつまでもとまらない」。「英霊を何個と呼ぶ大尉、それを変だとも無礼だとも思わぬ人達。昭和二十年十二月二十一日、浦賀港の入口であり、五十一歳の僕はさめざめと泣いた」。坂口安吾「堕落論」（一九四六年四月）は、「半年のうちに世相は変わった」との一文から始まっていましたが、終戦から半年もたたないこの時点での人々の擦り切れた感じを見事に表した一幕だったと思います。

歴史を書くということ——武田泰淳『司馬遷』

加藤　ところで、歴史とは何かを考える上で必読なのが、武田泰淳『司馬遷——史記の世界』(32)です。一九四三（昭和一八）年四月、書き下ろしで東洋思想叢書の第一〇巻として日本評論社から刊行された『司馬遷』は、奥付など見ないで読み始めると、戦後に書かれた評論だと思ってしまいます。書かれていることが大胆だからです。こう書かれています。「しかし私は司馬遷の企てを説明する前に、あらかじめ彼の企てが、私たち日本人のかつて果さんとした企てとは、根本的な点で異っていることを申しのべておかなければならない。彼のつくりあげた世界構想と私たちのつくらんとした世界構想とは、ある重大な点でくいちがっている」と書く。「私たちのつくらんとした世界構想」とは、奈良・平安時代、政府が作成した六部の史書である六国史（『日本書紀』、『続日本紀』、『日本後紀』、『続日本後紀』、『日本文徳天皇実録』、『日本三代実録』）のことです。端的に述べれば、天皇の皇統に世界構想をみた日本と違って、司馬遷が『史記』において、独立した個人を描いている点に、日本と中国の史書の違いを見出していたわけで、これは天才的な探り当て方だと思います。

(31)　石川欣一『比島投降記』（中公文庫、一九九五年）。
(32)　武田泰淳『司馬遷——史記の世界』（講談社文芸文庫、一九九七年）。

奥泉　戦中に書かれたことが一つの評価ポイントということですね。

加藤　そうです。

奥泉　しかし不思議ですよね。どうして司馬遷という人は漢の時代に国家に抵抗するような歴史叙述ができたのか。当時の中国のことを僕がほとんど知らないせいもあるんですけど……。たとえば旧約聖書にも歴史叙述はあるわけですが、中国との違いは、国家の支配力がそれほど強くない点です。もちろん古代イスラエルにも国家はあり、国家を中心にいろいろなことが推移していくんだけども、都市エルサレムなどに国家からは独立的な知識人層が存在した。預言者をはじめ彼らの文筆活動の伝統があった。その結果、国家に批判的な叙述が旧約聖書に残された。古代ギリシアのトゥキディデスやヘロドトスのような歴史家も同様で、中央集権的な家産制国家ではないギリシアの政治風土の中で、「客観的」な歴史叙述が可能になったというのはわかるんですよ。でも、司馬遷はよくわからなくて……。

加藤　司馬遷の時代の中国は、行政の仕組みが異様に整った国家でした。

奥泉　官職なんですよね、歴史叙述をする家みたいな。

加藤　まさに、太史令《たいしれい》という職を務める家で、父が司馬談です。この職は歴史を記録する[33]ことで過去の時間に干与し、儀礼に関わることで未来の時間にも干与したとされるもので、端的に言えば、「文史星暦《ぶんしせいれき》」、すなわち、過去と未来に関わる者でした。

奥泉　そういう人がなぜ国家に距離をとるような叙述ができたのか。ここは非常に興味深いところですよね。中国というのはよほど懐の深い国なのかなと思ったりね。ずっと不思議に思っていいます。司馬遷の仕事は、国家支配の正統性を単純に支える歴史叙述とは異なる厚味と広がりがある。そういう歴史叙述は、近代以前はそんなにはない。

加藤　東洋においてはそうですよね。

奥泉　東洋においては『史記』だけじゃないですか。くわしくは知りませんが。『古事記』や『日本書紀』はそうじゃない。ヨーロッパ近代の歴史叙述の伝統につながっていくその淵源が古代のギリシア、イスラエルにはあった。司馬遷がそれに匹敵しているとすれば、どうしてそういうことが可能だったのか。社会史的に考えるとすごく不思議に思えるんですよね。

加藤　『天皇はいかに受け継がれたか』(34)という論集の「はじめに」に書いたことがありますが、司馬遷の父である司馬談は、泰山《たいざん》を奉る盛儀であった「封禅《ほうぜん》」(35)、とくに前漢の武帝

(33)　同前書、五〇頁。
(34)　加藤陽子編『天皇はいかに受け継がれたか』(績文堂、二〇一九年)。

が紀元前一一〇年に行った封禅を、「現代化」された儀礼だといって批判します。司馬談は、封禅の現代化・通俗化を、文化の堕落、国家衰微の兆と捉えて批判します。宗教を司るからこそ尊敬される皇帝であれば、その儀礼は正しい方法でなされなければならない、というのですね。なぜこれに注目したいかというと、秋篠宮が即位の礼は昔の例に従ってもっと質素にやるべきだと述べたことがありました。あの発言は、政治的権能を持たないとされる者の政治的な発言として憲法上批判されるべきものではありますが、祭祀を行う天皇の役割を将来的に自らが行う可能性がある場合、儀礼の行い方の是非は論じてもよいことではあったと思います。司馬談の事例を考えると、歴史家としては面白い。

奥泉　なるほど。そのへんは僕は全然わかっていないんですが、王権に対抗するような、宗教的伝統があったんでしょうかね。一般に強力な祭祀階級、祭祀団が成立すると、政治に対して強い影響力を持つことになる。古代エジプトがそうで、王との政治闘争が繰り返されるし、メソポタミアでも同じことが起こったんだと思うんだけど、中国はちょっと違うように見えます。司馬遷のあり方は興味深いですね。

大江健三郎と石牟礼道子

加藤　『毎日新聞』の「今週の本棚」という書評欄で「なつかしい一冊」という企画があ

り、私は、大江健三郎の『見るまえに跳べ』を挙げました。コロナ禍の巣ごもりの中で大江健三郎がマイブームになっていまして、あらためて読み直していたんですね。そうしましたら、あらためていろいろなことに気づきました。太平洋戦争を理解するのに適した文学作品は何だろうかと考えると、まずは大岡昇平『レイテ戦記』、田中小実昌『ポロポロ』、奥泉さんの『浪漫的な行軍の記録』の三冊。そして、大江の『芽むしり仔撃ち』(36)（一九五八年）だと思います。人間への内なる暴力として少年の目から捉えた、気持ち悪いけれどもすごい作品です。戦争末期、少年院の生徒たちを疎開させなくてはいけない。山間の村に連れて行って事件が起こる。

奥泉　話は一九四五年の一月あたりの感じですね。

加藤　おそらく大江さんの故郷の四国の森のような場所に、感化院の少年らが戦争中の疎開のために送られる。しかし、その時、当時の感染性の疫病というと腸チフスでしょうか、それが村に流行し始めて、村人は逃げ出そうとしている。都会から送り込まれた少年、ま

(35)　封禅についての歴史的考察は、金子修一『古代中国と皇帝祭祀』（汲古書院、二〇〇一年）一一九頁。封禅とは、受命の帝王がその成功を天に告げる祭祀。

(36)　大江健三郎『芽むしり仔撃ち』（新潮文庫、一九六五年、改版二〇一四年）。

た村にとってはよそ者である疎開者などを見殺しにして、村人らは「勝手に飢えろ」とばかりに村を封鎖して逃げてしまう。そこに残された少年たちがアジールを作って……という話ですけれど、そもそもこの村は国家から木材の供出を迫られている。その村では朝鮮人を労働力として使っていた。感化院の少年、疎開者、朝鮮人などが余所者として、殺されてもよい者とされてゆく。先ほどの渡辺清ではありませんが、天皇の背景にはヤマトの国土がある。しかし、ヤマトの国土の内側は余所者に対し、どのような暴力を振るうのか。戦争には、戦闘能力を持つ軍隊が外側に対して振るう暴力と、内側に対して振るわれる暴力との両方がある。国を保護するための軍隊やその供給源である村が連動した怖さが『芽むしり仔撃ち』には出ていると感じました。

奥泉　それは戦時下だけじゃないですね。暴力の一つの本質は、異質なものの排除です。戦時とか疫病禍とか、非常事態下ではその暴力が純化されるんですね。異質なものを排除する欲望が先鋭化されて、暴力につながっていく。『芽むしり仔撃ち』をあえてきびしく評するとすれば、子供たちを抑圧し排除する、山奥の村人たちの世界が描かれない点です。もちろんこれはないものねだりなんですが、大人たちの世界は、幾重にもなって子供たちを圧迫する「分厚い壁」と表象されるだけで、具体的な内実は直接は描かれない。彼らの暴力の本質は何か。そこは問われない。といいますか、これは大江健三郎がその後に追っていく問題になる。『万延元年のフットボール』(37)（一九六七年）では「分厚い壁」の内側に立ち入っていますよね。いわば『芽むしり仔撃ち』の山奥の村の歴史が問題にされる。『芽むしり仔撃ち』ではただ一色で描かれていた村人の世界に、土俗的な伝承や歴史が入り組む複雑な構造があることが明らかにされる。

加藤　ああ、そう読むんですね。勉強になります。大江さんは天皇とか父とかを地域とか女性と対比させて描いていますね。長宗我部という四国の大名の支配が、一八六八年から一九六八年、明治百年を経ても伝承として残っているというあたりを、大江さんはうまく安保、明治百年と結びつけた。

実は、この間のコロナ禍の巣ごもりの読書で、石牟礼道子さんも読み返しているのですが、やはり『西南役伝説』(38)（一九八〇年）が面白いですね。冒頭にこうあります。「わし共《ども》、西郷戦争ちゅうぞ。十年戦争ともな。一の谷の熊谷さんと敦盛さんの戦《いく》さは昔話に聞いとったが、実地に見たのは西郷戦争が初めてじゃったげな。それからちゅうもん、ひっつけひっつけ戦さがあって、日清・日露・満州事変から、今度《こんだ》の戦争——。西郷戦争は、思え

(37)　大江健三郎『万延元年のフットボール』（講談社文芸文庫、一九八八年）。
(38)　石牟礼道子『西南役伝説』（講談社文芸文庫、二〇一八年）。

ば世の中の展《ひら》くる始めになったなあ。わしゃ、西郷戦争の年、親達が逃げとった山の穴で生れたげなばい」。一八七七（明治一〇）年の人が「日清・日露・満州事変」「今度の戦争」と語るようなことで、地域の人にとっては「展けた」とか「ひっつけひっつけ」とか、そういう手がかりがあるのが日本、先ほどの渡辺清の言う、天皇というものの背後にある我が国なんだろうな、と。石牟礼さんの作品も太平洋戦争につなげて読まなければいけない道なんだなと気づいたんです、今回。

奥泉　なるほどね。先ほどの清沢洌が描いているように、当時の国家の民衆に対する方針は、ようはものを考えることをさせないようにする、そういう方向です。国民の個性なんてものは一切認めない、思考することを認めない。ひたすら一元化していく。それに対して石牟礼さんが描こうとしているのは、民衆の多層性、可能性なんでしょうね。戦争が連続する歴史のなかで、多様な近代が民衆の側にありえたということですね。

そういう意味では、結果的にはアジア・太平洋戦争に突き進んでいくことになった日本近代、それを相対化するような潜在的な歴史の可能性があり、その可能性を発掘していかなければならない。発掘すべき多様な社会的伝統があるはずだ。それをどうやって発掘していくか。それがいまや小説家や歴史家の大きな課題になっているといえると思います。

加藤　けれども、日本人はそのような多様性を生かした語りがすごく不得手のような気がします。

奥泉　やっぱり人々はわかりやすい物語を求めてしまうんですよ。単一の物語が欲しいんです。わかりやすい物語のなかで世界を捉えたい。それは日本だけの問題じゃないわけで、人間はそこからはなかなか逃れ難い。その欲求に応える物語がたくさん提供されてきたし、これからも提供されていくわけですが、文学はそれに抵抗しなければならない。でも一方で、小説についていえば、物語から離れることができないという問題があります。しかしそこでなお物語に埋没しない表現を求めていく。もし文学という言葉を使うなら、こうした方向にあるものに文学の名前をつけていいと僕は思うんですけど、歴史叙述も同じでしょう。歴史学の強みは史料があるということ。文書なり資料なりの形ではっきり出来事を提示できるのが歴史学の強みです。もちろんそれをどういう文脈で読み解き理解するかという問題はあるし、史料のないところは描けないという弱みにもなる。そこは想像力の働きが必要となるところです。その意味では、歴史学も物語から無縁ではいられない。ここは小説家にとっても歴史家にとっても、きわめて大きな課題です。

加藤　そのようなときに、奥泉さんが物語を作る際の厳密さについて見ていこうと。登場人物に歴史上の実在の人物がいる場合、その人に仮想的なことを述べさせない。永田鉄山は出てくるけれども、永田に仮託して物を言わせない。そこです。大江さんも同じようなことを述べています。小説や物語に彼の子息である光氏が登場します。そこで光が発話する特徴的な台詞は、創っていないというのです。物語を求めたい読者に対して、「いや、ここは譲れない」というのと、「でもここは応えてあげます」というのと、葛藤がありますよね。

奥泉　難しいですね。

加藤　難しいでしょう。歴史家もそこは難しい。今回のコロナ禍で日本の歴史家がいちばん衝撃を受けたのは、「一九一八年〜二〇年に流行したスペイン風邪とその社会的影響について教科書には一行も書かれていない」という批判です。たしかに内地で四五万人、外地で二八万人、合計七十数万人もの犠牲者が出ています。その社会的衝撃が、教科書に書かれていないどころか、これだけの犠牲者が出たことについての社会的な記憶がないわけです。これはどうしたものか、と考え込みました。いちばん大きかったのは関東大震災などの大災害と違って風景が変わらなかったということですね。ではなぜ、社会に記憶の痕跡がないのかといえば、どうしても歴史家は歴史の法則性とか予測可能性を大事にしてしまう。どうしても予測不能なことは選択されにくかったのではないでしょうか。

この対談のなかで奥泉さんは、多様な語り手へ着目することで、戦争の歴史の単純な物語化を止める方法をたくさん示してくれました。歴史家としても、当然このような手法に学んでいきたいわけですが、多様な語り手ということでいえば、明治以来の司法・訴訟の場で採られた証言や、議会の本会議や委員会の速記録などに記された国民の代表としての立法の史料に対して、もっともっと問題意識をもって迫っていくことなど、すぐにでも応用できそうです。国家の側であれ市民（民衆）の側であれ、それぞれの多様な語りが求められる「司法の場」や「立法の場」に目を転じてみることが大事だと思いました。明治以来の民事判決原本や五・一五事件、二・二六事件などの軍法会議の記録は現在、国立公文書館で全部見られるようになりました。帝国議会から現在の国会の議事録は全部ウェッブで見られるようになりました。歴史の物語の批評は、このように考えれば充分可能ですし、やっていかなければならないものです。

奥泉　歴史資料自体のなかに単一の物語を相対化する様々な語りがあるということですね。小さな「声」は歴史の流れに押し流されてしまうけれど、それに耳を傾けることでべつの物語が見えてくる可能性がある。かき消されてしまった「声」を聴き、再現することは、小説家の一つの大きな使命だと思います。もちろん歴史家にとっても。

今回の対談を通じて、いろいろ勉強になったのはもちろんなんですが、自分の課題があらためてはっきり見えてきたように思います。ただ現代の職業作家は小説を商品として提出するという条件からは逃れられないので、そこが難しい。なかなか本が売れないし（笑）。

と、最後に愚痴が出ちゃいましたが、本当にありがとうございました。

おわりに

加藤陽子

この本は三部から構成されている。Ⅰ「太平洋戦争とは何かを考えるために」、Ⅱ「なぜ始めたのか、なぜ止められなかったのか」、Ⅲ「太平洋戦争を「読む」」、が三つの柱のタイトルだ。「物語」批判が大事だと考える文学者・奥泉光と、史料批判なしに歴史は書けないと考える歴史家・加藤陽子（筆者）が、日本近代の画期をなした言葉や史料を読み解きながら対談を行った。

Ⅰ部では、おおむね一九世紀半ばの幕末維新期から一九三一年の満州事変期までを対象として、採り上げた史料やその歴史的背景をまずは筆者が説明し、それに対して問題点を整理し、さらなる問いを提示し、時に留保をつけながら対話に推進力を加えているのが奥泉である。

Ⅱ部では、おおむね満州事変から太平洋戦争までの時期を対象とし、「中国との戦争はなぜ起こらざるをえなかったのか」、「米英との戦争になぜ突入していったのか」、「敗戦が明らかになった段階で、なぜ戦争をやめることができなかったか」（八三頁）という、誰もが一度は抱く三つの問いを軸として、「物語の誘惑から逃れて」（同前）、奥泉と筆者がかなりの熱量をもって対話を続ける。

奥泉の読者には説明不要だろうが、奥泉は一九九一年の湾岸戦争（イラクによるクウェート侵攻を機にアメリカを中心とする多国籍軍がイラクに対して行った武力行使）に際し、日本が戦争をなしうる国、いや既に戦争をしている国なのだとの確信を抱いたことで、太平洋戦争に材をとった小説を構想した文学者である。それは、奥泉の珠玉の掌篇『石の来歴』（一九九三年）、またその完成型である『浪漫的な行軍の記録』（二〇〇二年）として結実した。

このようなⅠ部とⅡ部のやりとりの上に、Ⅲ部では、太平洋戦争をめぐる「物語」について奥泉がリードしつつ、事前に双方がお互いの「推し」の作品を読み込んだ上で対話を重ねていった。採り上げられた著者と作品名の一部を挙げてみよう。清沢洌の『暗黒日記』、田中小実昌の『ポロポロ』に始まり、山田風太郎『戦中派不戦日記』、渡辺清『砕かれた神』、高橋孟『海軍めしたき物語』、淵田美津雄『真珠湾攻撃　太平洋戦記』ときて、山本七平『一下級将校の見た帝国陸軍』、大岡昇平の『野火』『俘虜記』がきても話は終わらず、大江健三郎『芽むしり仔撃ち』でようやく大団円が見えてくる。

本書の対談の冒頭で奥泉は、「度を超えた非合理性にはやはり関心を向けないわけにはいかない」(一五頁)と述べていた。幸か不幸か、文学は言葉自体が人を動かす力を持っている。この力がふるわれた跡をたどってみたいというのが奥泉の真意だろう。その上で、奥泉は、政治過程も重要だが、社会史を大切にしたいとのスタンスを明らかにする。民衆あるいは大衆と呼ばれるふつうの人々、彼ら彼女らがいかなるファクターとして歴史のなかで役割を果たしたのかを明らかにしたいと述べる。

さらに、奥泉が視野に入れたいと考える階層は、ふつうの人々だけではない。ふつうの人々に加え、「中間層」に着目してゆく。特に一九三〇年代に政治化、先鋭化を遂げる政治主体であった軍部、その軍部が喧伝した戦争観や歴史観などを積極的に受容し、奥泉が「政治化していく軍のいちばんの反響板」(七一~七二頁)と名付けた階層は中間層にほかならない。

歴史をその時々に動かした言葉、これを歴史の史料として見ていくと、これらの言葉が中間層及びそこに連なるふつうの人々に「流布する物語」として流通してきたことがわかる。本書の冒頭近くで筆者は頼山陽の『日本外史』を挙げて例示したが(一八頁)、幕末から昭和戦前期にかけて、国民の対外的危機意識が先鋭化、政治化するような時期には、このような「わかりやすい物語」が求められる。実際に手に取ってみればわかるが、『日本外史』は決して読みやすい書物ではない。ただ、仁政や民生が為政者の道徳として重要な時代は終わった、これからの時代は尊王＝天皇尊崇だとの号令が、あたかも本の中から響いてくるような類いの「わかりやすい物語」ではあった。

中間層とそれに連なるふつうの人々の心を摑んで離さない、単一の声からなる「流布する物語」をいかにすれば批判しうるのか。この問いは奥泉と筆者の二人が常に念頭に置いていたことだ。歴史家としては歴史に学べとまずは言いたくなるが、歴史だけでなく、小説やフィクションをたくさん読むことが、単一の声の物語を批判するには欠かせないことだろう。奥泉の言葉で表現すれば、「歴史に限らず、私たちは物語なしに現実というものを認識できない仕組みの中に生きている」（六〇頁）ことを自覚し、「仕組み」自体をあぶり出して見せることだ。

奥泉との対談をふりかえれば、対談の場にはいつもスリリングな刺激が満ちあふれていた。近代国家の国民統合の標準的な装置こそが帝国議会と軍隊だと、当たり前のことを言うように奥泉が看破したのを見て筆者は舌をまいた。国民統合の方法としては、「国民の参政権を介して国民を代表させる場」としての帝国議会が一つあって、一方で「徴兵の義務を介して国民が兵士となる」軍隊という場が一つあった（二二頁）。議会と憲法がうまく機能しなくなった昭和戦前期、国民の創成を軍が擬似的に代替してゆくのは、議会と軍隊が共に国民統合の二つの近代的装置だったからにほかならない。

今回、一八八二年の「軍人勅諭」と一八九〇年の「教育勅語」などを史料として丁寧に読んでみた。これは新書の試みとしてはかなり珍しいはずだ。天皇の言葉としての勅諭や勅語が作成された時代の意義や読み方と、軍が政治化した後世の時代の読み方は異なってくる。同じ史料が時代によって読み方を変えてゆくさまを見た。軍人勅諭の読み替えは、一九三二年の五・一五事件を契機になされ、教育勅語の読み替えは、一九四〇年の近衛新体制を契機に進んでいった。「軍人勅諭、教育勅語、この二つの天皇の言葉が、時代とともに暴走」（四九頁）していったのだ。

学問としての歴史学は、二四〇〇年前に、戦争のプロパガンダへの批判として始まった。ペロポネーソス戦争を描いたトゥーキュディデースの『戦史』がそれである。本書の中でも筆者は「日本側は、真の戦争目的と、外部に喧伝する際の戦争目的がズレる」（九三頁）国だと特徴づけた。古今東西、戦争を始める人の「意図」と国民に向けた「発言」はまったく違う。それを解き明かすのが歴史家の役割だろう。これは、小説という場で、小さな声を集めたフィクションを構成し続けることで、「単一の声の語り」（二二〇頁）を全力で否定してきた奥泉の文学者としての役割に通ずると筆者は勝手に考えている。

最後になりましたが、編集者の藤﨑寛之さんにご担当いただけたのは筆者にとって何より嬉しいことであった。我々が著者名や作品名をきちんと言及せずに、「縦横無尽に」繰り出し、引用する幾多の文献や作品について、流通している各種の版を確認された上で完璧な原稿にしてくださった。我々の対話が意味のある流れにまとめられているとすれば、それは藤﨑さんの優雅な手さばきの技ゆえである。心から感謝申し上げる。

二〇二二年四月

史料底本

「軍人勅諭」

由井正臣・藤原彰・吉田裕校注『日本近代思想大系 4 軍隊 兵士』(岩波書店、一九八九年)

一七二〜一七七頁。

「教育勅語」

高橋陽一『くわしすぎる教育勅語』(太郎次郎社エディタス、二〇一九年)付録。

「ポツダム宣言」

外務省編『日本外交年表並主要文書』下巻、六二六〜六二七頁。

「終戦の詔書」

外務省編『日本外交年表並主要文書』下巻、六三六〜六三七頁。


ただし、旧漢字は新漢字にし、ルビは適宜調整した。

河出新書 050

この国《くに》の戦争《せんそう》

太平洋戦争《たいへいようせんそう》をどう読《よ》むか

二〇二二年六月三〇日 初版発行
二〇二二年九月三〇日 3刷発行

著者 奥泉《おくいずみ》 光《ひかる》
加藤《かとう》陽子《ようこ》

発行者 小野寺優
発行所 株式会社河出書房新社
〒一五一-〇〇五一 東京都渋谷区千駄ヶ谷二-三二-二
電話 〇三-三四〇四-一二〇一［営業］／〇三-三四〇四-八六一一［編集］
https://www.kawade.co.jp/

マーク tupera tupera
装幀 木庭貴信（オクターヴ）
印刷・製本 中央精版印刷株式会社

Printed in Japan ISBN978-4-309-63150-9
落丁本・乱丁本はお取り替えいたします。
本書のコピー、スキャン、デジタル化等の無断複製は著作権法上での例外を除き禁じられています。本書を代行業者等の第三者に依頼してスキャンやデジタル化することは、いかなる場合も著作権法違反となります。

アメリカ
橋爪大三郎
大澤真幸
日本人はアメリカの何たるかをまるで理解していない。二大知性の刺激的な対話によって、アメリカ理解の核心がいま明らかとなる。
001

考える日本史
本郷和人
教科書は退屈だという人へ。東大教授が教える、新しい歴史の愉しみ方。たった漢字一字から歴史の森に分け入る、新感覚・日本史講義。
002

歴史という教養
片山杜秀
歴史に学べと言うが、先行きの見えない時代の中で、それはどういうことなのか。当代屈指の思想史家が説く、歴史センスのみがき方。
003

一億三千万人のための『論語』教室
高橋源一郎
二千五百年の時を超え、『論語』が高橋源一郎訳で甦る！ さあ、「一億三千万人のための『論語』教室」、開講です!!
012

〈格差〉と〈階級〉の戦後史
橋本健二
格差論の決定版、現代日本論必携の名著を、10年の時を経て、新データも加えながらアップデート。この社会はいかにして生まれたか。
016

河出新書

対立軸の昭和史
社会党はなぜ消滅したのか
保阪正康
最大野党として力を持ちつつも、激しい党内闘争と保守からの切り崩しによって消滅した社会党とは何だったのか。もうひとつの昭和史。
021

仏教の誕生
佐々木閑
二千五百年間、苦しむ人々を救い続けてきたユニークな宗教「仏教」はなぜ、生まれたのか？ その本質を教えてくれる連続講義、開講！
023

中国 vs アメリカ
宿命の対決と日本の選択
橋爪大三郎
米中衝突の時代、日本はどうする？ 中国共産党とは？ 香港、台湾は？ ありうる軍事シナリオは？ 重要論点をそもそもから徹底解説。
024

日本語の教養１００
今野真二
語の意味と形、音韻、表記法、様々な辞書、ことばあそび……１つ１つ読み進めていくうちに日本語の諸要素を網羅的に知ることができる。
027

サバイバルする皮膚
思考する臓器の7億年史
傳田光洋
生物を外界と隔てる最大のインターフェイス・皮膚はいかにして我々を進化させたのか？ 日本の皮膚研究第一人者がスリリングに紐解く！
030

河出新書

一日一考 日本の政治
原武史
一日一つ、全366人の文章を選び、その言葉が日本の政治にとってどんな意味を持つか、いまの体制とどう繋がっているかを考える。
032

挑発する少女小説
斎藤美奈子
赤毛のアン、若草物語、小公女……大人になって読む少女小説は新たな発見に満ちている。あの名作にはいったい何が書かれていたか？
033

検証 コロナと五輪
変われぬ日本の失敗連鎖
吉見俊哉［編著］
1年延期の末に開催された東京五輪をめぐって何が起こっていたか。社会的・政治的動向と国内外のメディア上の言説を分析・検証する。
041

読書とは何か
知を捕らえる15の技術
三中信宏
読書とはつねに部分から全体への推論だ——巷の「読書効率主義」に反旗を翻し、博覧強記の進化生物学者が授ける前代未聞の読書術！
046

人間らしさとは何か
生きる意味をさぐる人類学講義
海部陽介
人間とは何か？ 注目の人類進化学者が最新の知見をもとに、ホモ・サピエンスの誕生史を辿り、人類の多様さとその特性の意味を探っていく。
047

河出新書